地方自治と図書館

「知の地域づくり」を
地域再生の切り札に

片山善博
糸賀雅児

勁草書房

まえがき

図書館と地方自治は互いにもっと理解し合わなければならない。こんな問題意識をずっと抱き続けてきた。

それに至った理由の一つは、自治体の運営に当たる人たちの間で、図書館の持つ役割やその重要性に対する認識が極めて乏しいと感じられることである。自治体の運営に当たる人たちとは、知事や市町村長、地方議会の議員だけでなく、自治体の中で財政部門や人事行政部門で働く職員などを含んでいる。

巷間、図書館を「無料貸本屋」と揶揄する人はいまだに存在する。もとより図書館に対する誤解と無理解に基づいているのだが、こうした誤解や無理解は、残念ながら自治体運営に当たる人たちの間でもある程度共有されている。

例えば、図書館の重要な機能の一つがレファレンスであり、その大切な役割を担っているのが司書である。ただ、図書館が自治体運営に当たる人たちから「無料貸本屋」だとみなされていれば、そこではレファレンス機能や司書の役割が正しく理解され、評価されることはない。地域の公共図書館のレファレンス機能が軽視されたり、学校図書館に人が配置されていなかったりする遠因だと思う。

自治体によっては、とりわけそこの財政当局者たちの間で、図書館が「厄介者」扱いされるようなことも稀ではない。予算折衝の折に、「本ぐらい自分のお金で買うべきだ」、「高齢者の生涯学習に多額の税金を使うのは勘弁してほしい」などという不満を浴びせられた図書館関係者は珍しくないと思う。

本来の生涯学習とは、決して高齢者のみを対象にした施策ではなく、老若男女を問わず、仕事をしている人もしていない人も含め、広く万人が対象である。その万人の知的自立を支えるのが図書館本来の使命であるはずだ。

ところが、「生涯学習の拠点」とされる図書館は、往々にして「暇な高齢者」のための施設だと誤解されがちである。実際、こうした理解不足に基づいて図書館の資料購入費を減らす自治体もないではない。

先年、ある県の予算で、県立図書館の資料購入費が一挙に三割減らされた事件があった。それに驚き憤った利用者が機会を見つけて県知事と面談し、予算の回復を訴えたところ、県知事は減額自体を知らなかったという。県議会でも資料購入費を大幅減額することの是非が問われることなく、無傷のまま予算案は可決されていた。

これが意味するのは、自治体の意思決定に携わる人たちの、図書館行政に対する関心の薄さだろう。もし公共事業予算が三割減になっていたとすれば、議会の過程で、むしろ審議に入る前に大騒ぎになっていただろう。それと比較して、図書館行政の存在感のなさが痛感される。図書館は多面的で奥行きの深い機能と役割を持っている。将来的にも、住民のためのより有益かつ効果的な行政施策を展開できる可能性を秘めている。そのことを自治体の運営に当たる人たちには的確に認識してほしいと思う。

一方、図書館関係者すなわち図書館の利用者やスタッフのみなさんには、地方自治の原理や仕組みにもっと関心を持ってもらいたい。図書館関係者の多くは、常日頃疑問を抱いたり、不審に思ったりしていることがあるはずだ。例えば、図書館スタッフの定数が減らされ、司書の非正規化が進められるのは何故か。図書館の運営を外部委託に変更する方針をいつ誰が決めたのか、などである。

そんなことから、「先生、何とかしてもらえませんか」などと相談を受けることもしばしばである。でもそれは、自治体自体で決められることであって、筆者のような部外者が口出しすべき事柄ではない。地域のことは地域の住民が責任を持って決める。これが地方自治の原理であり、その原理に基づき、自治体のことは住民が選んだ代表によって決める仕組みが整えられている。

では、図書館のことも含めて、一旦代表を選んだらあとはすべてお任せで、住民は決定過程に参画できないのかと言えば、そんなことはない。例えば、予算編成では、編成過程が公開されていて、途中段階でも住民がその成り行きを知ることができるのが望ましい。予算案が議会で審議される際には、公聴会などの場で住民が意見を言える機会が設けられるべきだ。

こんな地方自治の運営は現行の制度と仕組みの中でも可能で、既に予算編成過程を透明化している自治体もあるし、住民参画を含む開かれた地方議会改革も試みられている。要は実践する強い意思と力量が、住民とその代表たちに備わっているかどうかである。図書館に関係するみなさんも、この際地方自治の運営を改善することによって図書館行政をも変えられるのだとの認識を是非持って頂きたい。

本書は以上のような考えのもとに、地方自治論を専門にする片山と、図書館政策論を専門にする糸賀が、たまたま同じ大学に籍を置いている故を持って共同で編んだものである。多くのみなさんに読んで頂き、わが国自治体の図書館行政が充実されるとともに、その実践を通じて地方自治の運営自体が改善されることを願っている。

片山　善博

地方自治と図書館——「知の地域づくり」を地域再生の切り札に／目　次

目次

第Ⅱ部　地方財政と図書館

第Ⅰ部　図書館は民主主義の砦

第一章　知的立国の基盤としての図書館

片山　善博

1　知的立国とは

これからのわが国が掲げるべき国是、あるいはめざすべき国柄は、知的立国であると思う。それは、軍事大国や金満国家や土建国家ではなく、知識や知恵さらには知的財産に基づいて国民を豊かにし、同時に世界に貢献できる国家のことである。

知的立国の特性の一つは、科学技術立国である。わが国がこれまで発展させてきた高い技術とその成果を生かし、地球環境問題、省資源・省エネルギー問題、医療など様々な分野で世界をリードすることによって、世界に貢献するとともに、経済的にも国民生活を豊かにするのが科学技術立国である。

特性の二つ目は、文化芸術大国である。文化や芸術の力によって国民を心豊かにし、併せてわが国の文化や芸術が世界の人々を魅了し、彼らの心をも豊かにする。それは、結果としてわが国の政治や経済にも大きく裨益する。

特性の三つ目は、透明で清潔な政治の実現である。科学技術を振興し、文化芸術を発展させる上で、政治の果たす役割は無視し得ない。例えば、科学技術の研究に必要な財源を十分に確保できるかどうかはひとえに政治の判断にかかっている。国の将来を見据えつつ財源を配分するのか、それとも目先の利権によって動かされるのかは、政治の質に関わっている。

また、文化芸術を発展させるには、表現の自由を含む基本的人権が尊重される社会でなければならない。質の悪い政治が文化芸術を押し殺し、あるいは文化芸術を自己の権力を維持する手段として悪用した例は古今枚挙に暇がない。

知的立国の形成に必要な以上の要素を満たす上で最も重要な条件は、これらを担うに足る人材の養成である。人材の養成といっても、単に少数のエリートを輩出すればいいということではない。もちろん、秀でた科学技術者や優れた芸術家、さらには志を持った高潔の政治家の存在は欠かせない。しかし、こうした有為の人材を生みだし、かつ、彼らを支えるのは国民をおいてほかにない。多くの国民が科学技術の重要性を理解し、あるいは日常生活において文化や芸術に親しむ環境の中から、技術者や芸術家は生まれるからだ。

さらには、人が自分の頭のサイズに合わせた帽子をかぶるように、一国の政治もその国の国民のレベルに見合ったものでしかないといわれるように、清潔で透明な政治を実現しようと思えば、それを単に政治家にのみ求めるのではなく、その政治家を選ぶ国民自身の政治意識も高くなければならない。

2 知的立国を支える国民、それを育てる図書館

では、こうした国民を形成するには何が必要か。その一つが教育である。所得の如何にかかわらず質の高い教育を十分に受けることができる。知的立国をめざすわが国において、このことほど大切なことはない。国・地方を通じた厳しい財政事情の中で、ともすれば教育にもしわ寄せが及びかねない昨今だが、教育への投資は決して惜しむべきではない。

知的立国を形成する上で、教育と並んで重要なのが図書館である。人は生涯に亘って成長を続ける存在だ。常に自己の持っている資質や能力に磨きをかけ、そこからあらゆる力を引き出し、それによって自己実現を果たし、同時に他者や社会に貢献する。人のこの自立の過程を、学校教育と並んでサポートする知的拠点が図書館にほかならない。

図書館は生涯学習の拠点であるといわれる。ただ、これまで言われてきた生涯学習は、その対象として、仕事上現役を終えた高齢者の方々がイメージされることが多い。時間的余裕を持った高齢者の皆さんが図書館に足を運び、そこで本に接し、読書を楽しむことは実に有意義なことに違いない。

では、生涯学習とは、高齢者に固有の事柄なのだろうか。人は学校教育を終え、やがて社会に巣立っていく。そこからの長い人生の大半は、仕事の面では「現役」として活躍する期間である。この期間こそ、大いに学び続けなければならないはずだ。日々押し寄せてくる様々な出来事や市場の変化に対応しなければならないし、新しい技術や知識を取り入れなければならない。取り入れるだけでなく、自ら新しい技術を開発する立場におかれている人も多かろう。これらの人たちにとって、常に学び、それを創造に結びつける営みは欠かせない。

学ぶ必要があるのは仕事上のことだけではない。家庭を築き子どもを持つと、子育てや子どもの教育に取り組まなければならない。また、それぞれ一人の市民として、政治に関心を持ち、自治体行政への参画も不可欠だ。それは民主主義を実践する作業でもある。

では、これら社会人として必要な知識や情報はどうやって身につければいいのだろうか。もちろん学校教育においてかなりのことを学ぶが、それだけで必要にして十分なものが得られるわけではない。しかも、学問や知識は日進月歩であり、学校教育を通じて学んだことだけを後生大事にし、それにとどまっていると、やがて時代遅れになってしまいかねない。

このように、職場においては重要な仕事を任され、家庭では子育てに勤しみ、同時に一人の市民として社会や自治体を支えなければならない時期にあってこそ、常に学び、自らを高め、そしてその成果を日々の実践や行動に生かさなければならないはずだ。この学びこそが、実は本来の生涯学習である。図書館が生涯学習の拠点であるといった場合、この観点を避けて通ることは許されないだろう。

3　図書館によるビジネス支援

必ずしもこうした考えに基づいているかどうかはわからないが、近年全国各地の図書館で新しい試みが始まっている。その試みの一つが図書館による起業支援サービスである。才能と意欲に満ちた若者がベンチャービジネスを立ち上げる。あるいは、昨今の不況の中でその意に反して職を失った人が、それまで培った知識や経験を生かして新しく事業を始める。このチャレンジに対し、それに必要な資料や情報を提供することを通じて、知的に支援するのが図書館の起業支援サービスである。

この新たな試みは、従来の生涯学習の範疇からは大きく一歩も二歩も踏み出している。何より、支援の内容が趣味や教養の枠にとどまらず、当人にとって極めて切実な仕事や職業に関することだからである。これは、図書館が先に述べた本来の生涯学習の拠点に一歩近づいたという点で大いに評価すべきだろう。

このことに関連して思い起こされるのが、アメリカの鉄鋼王アンドリュー・カーネギーのことである。スコットランドの職人の子として生まれ、折しも産業革命で仕事を失った父親に連れられアメリカに移住したカーネギーは、そこでも貧しさから学校に行くことはなく、幼いころから働かざるを得なかった。しかし、その間彼は仕事に必要な知識を図書館で身につけ、それが後年彼を事業家として成功に導いたといわれている。これこそが図書館本来のビジネス支援機能にほかならない。その図書館の機能があったればこそ、カーネギーという一人の努力家が、製鉄を通じてアメリカを科学技術立国に導き、その成果によって国民を富まし、かつ、世界の人々にも貢献したのである。

話を本題に戻すが、図書館が始めたこの新しい取り組みは、利用者にとって有意義だし、図書館にとっても画期的ではあるのだが、図書館関係者がこのことで慢心してはならないということは指摘しておく必要がある。

というのは、新しい取り組みである起業支援サービスを利用し、活用できる住民は全体の中でごくわずかでしかないからである。わが国において一体どれくらいの人が起業に挑戦しているだろうか。職場の同僚や近所の人、さらには親せきまで付き合いの範囲を広げてみても、この数年の間に起業した人が身近に何人いるか。

我が国は鉄鋼王を生んだアメリカとは異なり、起業は決して普遍的に起こりうることではない。そのことの良し悪しは別にして、大多数の国民は、自ら新しいビジネスに挑戦するよりは、できるだけ安定した雇用を求めている。

であればこそ、挑戦する勇気を持った数少ない人たちを支援する起業支援サービスは、わが国においても極めて重要であることは間違いないのだが、それでも大多数の住民にとっては、ごく一部の人たちに対する濃厚なサービスとしか認識されないのである。多くの住民から、図書館が身近な存在になったと受け止められるには至らないのである。

4　図書館による支援対象の拡大

ではどうすればいいか。それはやはりビジネス支援の対象をもっと普遍的、一般的な範囲にまで拡大することである。わが国のビジネスに従事する人の大半はサラリーマンである。その中のある程度の人たちは、勤務先において自分の仕事に関し知的サポートを受けている。しかし、勤務先では得られない支援を必要とする人もいるはずだ。例えば、当面の業務とは直接関係なく自らの資質を高めようと自己啓発を志している人などである。図書館は、こうした支援を求める人たちの需要にも応じることではじめて、広く住民一般を対象とした普遍的な知的支援の領域に踏み込むことになるだろう。

もし、これが実現したらどうなるか。一人ひとりの資質向上や自己啓発の成果は当面さほど大きくはないかもしれない。しかし、わが国の広範な産業を支えている企業の従業員の多くにその対象が広がれば、時とともに科学技術面を含むわが国の産業の発展につながるはずだ。それは、結果として国民の生活を豊かにし、世界の人々にも貢献する。

支援の対象は一般のサラリーマンに止まらない。例えば、筆者が是非図書館の支援サービスを利用してほしいと願っているのが新聞記者である。記者とはすぐれて知的な職業であるはずだが、政治部や社会部の若い記者の話を聞くと必ずしもそうではなさそうだ。「夜回り」と称して、深夜まで情報源となりうる対象人物の周辺を張りこんだり、待ち伏せしたりする慣行ないし習性があるらしい。

たしかに、当面の情報源から直接話を聞くことは重要だが、それだけでは質の高い記事には仕上がらない。問題の背景や経緯を把握していてはじめて、直接聞いた話の意味づけができ、真偽についても客観的に分析することが可能になる。「体当たり」で談話をテープに取って、それを活字に書き起こすのではなく、関連する多くの資料や情報にあたり、それらを統合し、そして洞察する作業と過程が、本来の知的な職業には不可欠なはずだ。

その資料や情報を手に入れることができる場所が図書館である。図書館には過去の新聞記事を含む膨大なデータベースが蓄えられている。それは、記者が自分でスクラップしたノートの中にある資料や情報とは比べものにならないほどの量と質とを備えている。しかも、大量のデータの検索も図書館なら容易にできる。記者がこれを利用しないのは、社会の大いなる損失ではないか。

新聞記者から「大きなお世話」だと批判されることを承知しつつも、敢えてこのことを持ち出したのは、先に知的立国の要素として「透明で清潔な政治」の存在をあげたことと深く関係しているからだ。

大衆社会において政治と国民とを結ぶ上でマスコミの果たす役割には頗る大きいものがある。マスコミによって国民に伝わる情報の質が、一国の政治の質を左右するといっても過言ではない。

例えば、件の夜回りを通じて、記者と政治家とが隠微な関係を持つことはよくあることだ。そこでは、両者の間に馴れ合いが生じ、オフレコと称する秘密が共有されることが多いのだが、それは、真実を正しく、客観的に報道するマスコミの使命からは逸脱するし、「透明で清潔な政治」を作る所以でもない。夜回りをやめろとまで言うつもりはないが、記者の皆さんには、もっと図書館を活用し、それを通じて、知的で質の高い成果をあげるよう期待している。

5 図書館と民主主義

知的立国をめざす上で、図書館の持っている力は実に大きく、これまで以上の役割と働きが期待される。しかし、昨今の図書館をめぐる環境を見ると、むしろそれとは反対に、その機能の縮小や外部化による大幅な予算の削減が行われつつあるようだ。

これは、これまでの図書館のイメージとも大いに関係がある。従来型の「生涯学習の拠点」にとどまっているのであれば、趣味で読む本ぐらい自前で買うべきだという主張が出てきて、それが図書館予算を縮小する論拠にもなる。

しかし、図書館が知的立国を支える基盤だということになると、話は俄然違ってくる。いささかオーバーな表現をすれば、図書館の盛衰がわが国の将来を左右しかねないということになるからだ。その認識を持つに至れば、自治体の首長や議員はもっと図書館に目を向けるようになるはずだ。

もちろん、いまだそんな認識を持つ首長や議員は決して多くないのが現状だろう。しかし、その彼らを選んでいるのは市民自身なのだから、残念ながら市民自身が政治や地方自治の質の重要性を認識していないということにほかならない。その市民の自治や民主主義に対するリテラシーを高めるのも実は図書館の役割だということを敢えて強調しておきたい。

第二章　図書館のミッションを考える

片山　善博

1　図書館の置かれた政治状況

現代社会において図書館が重要な役割を果たすことは、すでに第一章で述べた。また、この認識は図書館関係者の間では常識に属するだろうけれども、世の中一般に共有されているかとなると甚だ覚束ないことにも触れた。第二章では、これらについてもう少し具体的に見ていくことにしよう。

例えば、身近なところで自治体の首長である。筆者は鳥取県知事を八年間務めた際に、全国知事会の場など機会あるごとに図書館の大切さを説いてきたつもりだが、残念ながら全国の首長の間で共感ないし賛同の環が広がる気配はなかった。

では、議員はどうだろうか。国会の中で図書館整備の必要性と質の向上を熱心に説いている超党派の議員連盟として、図書議員連盟が知られているが、日常的・恒常的に図書館について政策提言をしているわけではなさそうである。また、地方自治法（第一〇〇条第一九項）において設置を義務付けされていることから、すべての地方議会には必ず議会図書室が設けられている（ことになっている）が、この議会図書室の現状はどうだろうか。はたして地方議員の調査活動などに有効に利用されているだろうか。関心がある方は最寄りの議会図書室を訪れてみるといい。図書室の看板は掲げられていても、実態は開店休業ないし物置状態であることに驚かされる人も少なくないはずだ。

教育現場に目を転じ、学校図書館を取り上げてみよう。かつて一定の財源が学校図書館の図書購入費に充てることを条件に国から市町村に対して交付されていた。その財源が地方分権改革の一環として、使途を限定された国庫支出金から使途を特定されない地方交付税交付金に変更されたところ、多くの自治体において学校図書館図書購入予算が地方交付税に積算されている額に満たない状況になってしまった。もちろん使途を特定されていないのだから、当該財源を学校図書館に充てようとそれ以外の分野の経費に回そうと、厳密な意味では違法には当たらない。ただ、全国の自治体において、政策選択として学校図書館が優先順位の高いポジションを与えられていないことを推定させる証左にはなる。

もちろん図書館の重要性を指摘する場合は、だいたい地域の公共図書館など住民の皆さんが日常利用する図書館を指すのであって、特別の図書館ないし図書室のことではないだろう。しかし、議会図書室や学校図書館に対する認識が高くないということは、地域の公共図書館などについても行政や政治から似たような扱いを受けていることは想像に難くない。もっといえば、そもそも政治家や自治体関係者が普段仕事をする上で図書館を利用し、そのサポートを受けながら質の高い成果に結びつける習慣がないのではないかということだ。こんな風土と環境の中からは、図書館に対する正当な評価はなかなか生まれにくいだろう。

2　分権の「砦」としての県庁図書室の実践

筆者が県知事を務めていた二〇〇五年秋、鳥取県庁内に「県庁図書室」を設置した。それまで県庁内に図書室がないことに不便を感じ続けていたが、他県でも庁内図書室を有している府県は稀であると聞かされ、そのことに些かの驚きを禁じえなかった。図書館ないし図書室のない環境の中で自治体の職員は日常一体どうやって政策形成などに必要な資料や図書を調達しているのだろうかと疑問に思うからである。

そこで折に触れて職員から仕事の仕方などを聴取してみると、予算や条例案などを検討するに際し、それに必要となる内外の事例や情報などを広く集め、これらを参考にしつつ成案を得るというプロセスが殆どみられない。もちろん徒手空拳でというわけではなく、それなりの「参考書」はひもといている。しかしそれらは往々にして関係省庁が作成したマニュアルであったり、当該各省の官僚の手になる解説本であったりする。それがいけないとはいわないが、こうしたマニュアルや解説本だけに頼って政策や条例案を作る「生活習慣」は決して褒められたことではない。とりわけ地方分権の時代の自治体の仕事の進め方としてふさわしくない。

地方分権の時代にあっては、地域の現場で課題が発生した際、これを解決するためには国の対応をひたすら待つのではなく、自治体が独自に解決策を講じなければならない。そのためには自ら考える力が必要となり、考えるためには基礎となる資料や情報が欠かせない。その際、従来のように「メイドイン中央官庁」のマニュアル本は多少の参考にはなるかもしれないが、自治体が独自の施策を考えるためには総じて役に立たない。これらのマニュアル本は、国が現場の視点ではなく中央の視点で政策を解説していたり、すでにある先例の紹介であったりして、現場で発生した前例のない新しい課題に現場の視点で取り組むには不向きだからである。

だとすると、その真に必要となる資料や情報をどこで手に入れたらいいのか。それこそが図書館であるというのが筆者の考えだ。ただ、一般の図書館には行政やその中で働く公務員のために使い勝手がいいように書籍や資料が整理され、用意されているわけではない。必要な資料や関連書籍は図書館の膨大な蔵書群の中に埋もれている。その中からいかに有益な情報を取り出せるかがポイントとなるが、その作業を効率的かつ的確に行うのが専門職としての司書の役割にほかならない。

鳥取県庁図書室といっても庁舎内の小さな一室を占有しているに過ぎない。自前の蔵書は殆どない。一見それで何ができるのかと訝しがる人も少なくないだろう。実はこの図書室は事実上鳥取県立図書館の分室としての性格を有している。自前の蔵書は殆どなくても、背後に県立図書館の膨大な書籍と資料とが控えている。いわば県庁図書室は県立図書館へのアクセスポイントとしての位置付けなのである。そのアクセスを的確に手助けしてくれるのが司書の役割であることはいうまでもなく、県庁図書室には優秀な司書を配属した。

当初、県庁図書室の使い方になれていなかった県庁職員もほどなくうまく使いこなすようになった。自ら新しい政策を考える時や職務上の知識を仕入れる必要が生じた時などに、資料や情報を求めてまず図書室の司書に相談を持ちかける習慣が徐々に身につくようになったのである。

筆者自身にもこんな経験がある。筆者は鳥取県知事在任当時、中央教育審議会の委員を務めていた。そこでは教育に関し広範な議論が行われる。その際その議論から取り残されないためには、委員として単に事務局から配布される資料を追うだけでなく、自らも積極的に関連する知識や情報を仕入れておかなければならない。あるとき、筆者が何事につけ注目していた北欧、特にフィンランドの教育の実情が知りたいと思い、東京出張時に都内の大規模書店で関連図書を探したのだが、適当なものは見当たらない。そこで出張から帰った後、県庁図書室の司書にその意を伝えたところ、たちどころに関連図書や資料のリストが提示されたのである。そのリストに掲載された本や資料の多くは県立図書館に所蔵されているが、一部は国会図書館など他の図書館にしかないものも含まれていた。このリストの中から真に必要となる文献を取り寄せ、それに目を通すことによって、筆者はフィンランドの教育制度やその運用の実態などの概略を把握することが可能となった。このことがその後の教育のあり方をめぐる議論の中で大きな支えとなったことは言うまでもない。

とかくわが国の地方自治体では、知識や情報を中央官庁に依存する傾向が強い。知識や情報を中央官庁に頼っていると、思考の枠組みまでも中央官庁モード一色になりかねないし、現にそうなっている自治体も少なくない。これでは地方分権時代といっても絵にかいた餅だし、自治体の自立からはほど遠い。地方分権とは単に権限や財源を国から自治体に移譲することを意味するのではなく、現場で自ら考え自ら判断することがあってはじめてその実が得られる。思考の枠組みは中央官庁から与えられるものであってはならず、自治体が自ら形成しなければならない。それには自治体が必要とする知識や情報も中央官庁に頼ることなく、これらを自前で調達するシステムが機能しなければならないはずだ。

日々黙っていてもまるで洪水の如く大量の文書や情報が中央政府から自治体に押し寄せてくる。それをフォローし、それに忙殺されているだけでつい仕事をしたような気になっているようでは、自立からはほど遠い。知識や情報が得られる自前のシステムが存在してはじめて自治体の自立は可能となる。やや大げさに言えばこれが地方分権の砦としての図書館の役割であり、県庁図書室のミッションもそこにある。

3　レファレンスを通じて垣間見えたわが国の知的環境

鳥取県では二〇〇〇年一〇月に鳥取県西部地震と呼ばれる大きな地震災害に見舞われた。幸いこれによる死者はいなかったものの、マグニチュード7・3、最大震度は6強と規模だけでいえば阪神淡路大震災に匹敵する大きな地震災害だった。この経験を踏まえ、鳥取県ではその後各地で発生する災害にも常に関心を持ち、今後の災害対策に役立つ情報などの収集に注意を払っている。

二〇〇五年アメリカ南部で発生した大型ハリケーン「カトリーナ」に対し県庁防災担当部局はことのほか強い関心を抱いていた。単に災害の規模が大きかったというだけでなく、発生前の対応や発生直後の応急対策の面で行政の失敗が推定され、それを知ることによってこれを他山の石にできると考えたからである。当初県では調査のために現地に職員を派遣することも検討した。ただ、既に政府をはじめとして数多くの調査団が日本から現地に赴いており、それらの調査報告書も出ているだろうから、ここで敢えて独自に不慣れな調査隊を送り出すよりは、むしろそれらの報告書などを取り寄せこれを分析した方が効果的ではないかとの結論に達したのである。

そこで担当職員は早速県庁図書室の司書にレファレンスしたところ、数日ならずして関連図書や論文さらには各種報告書の膨大なリストが出来上がった。この時点で災害発生からほぼ一年を経過していたので、相当数の論文などが書かれているのは当然ではある。ただ、そのリストを見て驚いたことは、なんと殆どの資料がアメリカで書かれた英語のもので、日本語の文献はほんのわずかしかなかったということである。しかもその数少ない日本語の文献も、例えばミシシッピー川の堤防の構造に関するものなど、特定の専門分野に関する技術的なものであって、この災害の全容、被災地や被災者の置かれた状況と課題、行政の対応の誤りやそこから得られる教訓など、全体を概括する内容のものは皆無に近い状態だったのである。

結局我々が知りたい情報は日本語の文献からは殆ど何も得ることができず、英語の文献や資料しか利用することが出来なかった。職員は悪戦苦闘しながらも英語を読みこなし、多少の時間がかかった後、一つの報告書をまとめるに至った。それを読むと、この災害のありさまや行政の反省点などを実によく把握することができる。特に筆者が最も強い関心を寄せていた大規模災害発生時における連邦政府、州政府及びニューオリンズ市当局の連携のあり方、その連携がうまくいかなかった事情や背景などもよく理解することができるものだった。これは今後の鳥取県だけでなくわが国の災害対策にも大きく役立つに違いない。

ということでそれはそれでよかったのであるが、よくよく考えてみればこんなことでいいのだろうかとの思いも強い。それは政府やマスコミさらにはアカデミズムも含め、わが国の貧困な知的環境の一端が垣間見られるからである。この災害から何かを学び取ろうとして調査に派遣された人は数多くいる。しかし、利用できる日本語の文献に限っていえば、その対象は堤防の構造に関するものの如く、ごく狭い専門領域にとどまっている。ハードの分野もソフトの分野も含めて一つの災害を鳥瞰し、これをトータルに把握した上で今後の教訓にしようとのバランスのとれた知的関心が見られないのである。ここにわが国の貧困な知的環境を読み取らざるを得ないのである。

ひょっとすると調査団によってはこのような関心を持って調査し、それなりの報告書をまとめているのかもしれない。しかし、たとえそうだったとしても、それが一部の関係者の間で専有され、世の中に広く共有されていなければ真の報告とはいえないだろう。これも貧困な知的環境の一つの局面ではある。

ともあれ、これらのことが判明したのは司書に対するレファレンスを通じてであったし、英語の豊富な文献・資料を手に入れることができたのもまさしくレファレンスの成果である。レファレンスが如何に重要であるか、図書館の持つこのレファレンス機能を利用することによってどれほど知的世界が広がるかを多くの方に理解してもらうことの大切さをあらためて痛感した次第である。

4 議会の自立と議会図書室

先に紹介したように、我が国の地方議会ではすべからく議会図書室を設置することが地方自治法で義務付けられている。国民は果たしてどれくらい、このことをご存知だろうか。知っていたとしても、法が地方議会に図書室の設置を義務付けている意義や理由までご存知の方は多分稀だろう。おそらくは当の地方議員の多くもそのことをあまり認識していないのではないか。それを例証するものとして、全国の少なからぬ議会図書室が開店休業ないし物置状態のまま放置されていることはすでに指摘したとおりである。

そもそも何ゆえに地方自治法は全ての地方議会に図書室の設置を命じているのだろうか。それはこの設置を義務付けている条項の場所を見てみると理解が容易である。議会図書室の設置義務が書かれているのは地方自治法第一〇〇条である。この第一〇〇条は実は自治体及び議会関係者にとってはつとに有名な条文である。

ただし、それは議会図書室の設置を義務づけているからではなく、議会が有するいわゆる百条調査権の根拠規定として、である。百条調査権とは地方議会が持つ強力な調査権限だ。議会が一般的に持っている自治体執行部に対する質問権や調査権とは異なり、調査対象は行政外にまで及ぶ広範なものである。加えて、議会が設置した調査委員会への出頭などについては、裁判所の場合と同じく一定の強制力を伴っている。これは国会における国政調査権と同様の強力な調査権限であり、議会に期待される最も重要なミッションないし役割の一つが「調査」にあることをこの条文は如実に示している。

議会図書室設置の根拠がこの百条調査権と同じ条文中に規定されていることからしても、議会図書室設置の意義が議会及び議員のミッションである調査活動を資料情報面で支えることにあることは容易に理解できよう。全国の議会関係者はこのことをよく認識しておくべきである。

というのは、現状において多くの地方議会議員が「質問」など執行部に対するチェックや調査のために必要となる資料や情報を適切に入手しているかどうか、些か懸念し危惧しているからである。多くの議員は資料や情報を日頃どこから手に入れるのが一般的だろうか。おそらく執行部を通じてではなかろうか。もちろんそのことは間違ってはいないし、非難されるべきではない。当該自治体の財政運営や施策について、自治体の内部資料は欠かせないし、議員には当然の権利として地方自治法により「資料請求権」が認められてもいる。

ただ、問題がないわけではない。そもそも議会ないし議員が執行部をチェックしようとする際、それに必要な資料や情報を当の執行部側からしか得られない場合、果たして十分な資料を収集することが可能だろうか。例えば、執行部の行政運営に関し、他によりふさわしい政策選択があるのではないかという問題意識を議員が持ち、そのことを実証するために必要な資料や情報を執行部から求めたとしよう。その場合、その資料や情報を求められた執行部の職員は、他の選択肢の方が優れていることを明らかにするような資料や情報を進んで出すはずがないとまず考えるべきである。逆に、執行部が選択した政策の正当性を示す資料や情報を積極的に提示するに決まっている。職員のその姿勢の当否はともかくとして、それが、一生懸命職務に励む職員の常であり、人情というものだ。そこで、その資料を見たり説明を受けたりした議員は、当初の問題意識を失って、寧ろ執行部の選択肢の方に共感を覚えその応援団に変じることも稀ではなかろう。これもまた人情というものかもしれない。

5　議員は「対抗軸」を持つべし

では、このような場合に議員はどうすればいいのだろうか。それは、単に該当の政策を考案した当の執行部から提出される資料や情報さらには直接の説明だけを頼りにして判断するのではなく、これらと距離をおいた資料や情報を併せ持つことである。いわば資料や情報に関して「対抗軸」を持っておくことだ。それは例えば、似たような政策課題に対応して実施している他の自治体の事例に関する情報であったりする。執行部から出てくる情報の中では、往往にしてうまくいっているケースばかりが紹介されていて、うまくいっていない事例は捨象されるのが通例だ。たまに紹介されていたとしても、それは特殊要因によってうまくいかなかったのであり、わが自治体で実施する場合には問題ないことを説得するための「補強材料」として活用されることが多い。

しかし、実際には執行部の見方とは異なり、そのうまくいかなかった他の自治体の事例には単に特殊要因にとどまらないで、「失敗の本質」が潜んでいるかもしれない。それを見抜くには執行部提出の資料において示された視点とは異なる視点が求められる。しかも失敗の事例は一つではなく、もっと多くの自治体に存在する可能性も否定できない。これらに関する資料やそれを論じた報告書などをできるだけ多く集め、それに目を通すべきだろう。

政策選択を検討する際、求められる資料や情報は国内の自治体の事例にとどめない方がよい。広く海外に目を転じ、諸外国の自治体の同種の政策や事例などを知ることも大切なことだ。以上述べた失敗事例に関する資料や報告書、さらには参考となる諸外国の事情に関する情報などが、まさしく資料や情報面での「対抗軸」という意味である。では、議員はいかにしてこの対抗軸を持つことができるのか。それを与えてくれる有力な場が議会図書室であることは言うまでもない。

地方議会は自立した存在であらねばならない。そもそも自治体はいずれも住民の代表である首長と議会とで構成されている。これがすなわち「二元代表制」であり、別の表現として首長と議会とが「車の両輪」だとも称される。この「車の両輪」に関しとかく誤解も多い。車の両輪なのだから執行部と議会とはいつもぴったり一致しているべきだとする考えがその典型だ。ぴったり一致するためには、いつも根回しなどで意見や考えを共有し、異論や反論がないようにしておく必要がある。しかしこれでは議論の「多様性」が失われてしまうので、民主主義の本質からはずれてしまう。ぴったり一致するとは、車にたとえればそれは「両輪」ではなく「一輪車」にほかならならず、その運転は実に不安定である。本来車は二つの車輪の間に適度な間隔があることによって安定して前に進むことができる。これではじめて真の「車の両輪」になるはずだ。

「車の両輪」になるためには議員の資料・情報取得能力が問われる。議会の調査活動などに欠かせない資料や情報を専ら執行部に依存している状態は、「車の両輪」ではない。それは極めて重要な資料情報収集面において、一方の「車輪」の議会が他の「車輪」である執行部に嵌め込まれているようなものであって、「いびつな一輪車」だと言っていい。これでは議会の自立など覚束ない。

筆者は、全国の地方議会においてその図書室を是非今一度総点検した上で、あらためてその整備に力を入れてもらうよう呼びかけている。できれば専任のスタッフ、特に司書資格を持っている職員を配置してもらいたい。所蔵する書籍や資料の充実には、予算面やスペースの都合で自ずから限界があるだろうが、その際には鳥取県議会図書室が実践しているように、県立図書館などの公共図書館とのネットワークを活用したらいい。

こうして再デビューした議会図書室を通じて利用できる豊富な資料や情報、これにアクセスするための優秀な司書のサポートにより、わが国地方議会の議員の皆さんには自治体運営のあり方や政策形成などについてもっともっと勉強していただきたい。

実は、現下わが国自治体の焦眉の課題はその質を高めることにあると考えている。質を高めるとは首長を含む執行部の質を高めることはもちろんだが、議会の質を高めることももっと重要だ。執行部をチェックし、政策提言を行うだけでなく、本来議会は「立法機関」として政策課題を自ら制定する条例によりルール化することを本務としているからだ。

この本務を含めて議会が本来の使命を果たすようになることで、地方議会の質は格段に向上する。そのためには、議員は執行部とは距離を置き、執行部に依存しない情報源を保有する必要がある。保有するだけでなく、その情報をフルに活用してこれを議会活動に生かさなければならない。議員にもっともっと勉強していただきたいと言ったのは、以上のような文脈においてである。ややオーバーな表現をすれば、議会の質を高めるためにも議会図書室のありようが問われるのが地方分権時代なのである。

6　民主主義の砦としての図書館

地方分権について、その砦としての役割を県庁図書室とその背後の公共図書館が担っていることは既に紹介した。実は民主主義について、似たような事情が政府と国民の間にも、また、自治体と住民の間にも存在している。国民に対し政府は絶大な権限を持っており、かつ、両者の間の情報格差は政府と自治体間に存する格差の比ではない。本来民主主義の社会では政府と国民との間でできるだけ広範な情報共有が必要である。ところが、両者の間に絶対的な情報格差がある場合には、国民は政府によって知らず知らずのうちについつい情報操作をされてしまいがちで、それだと民主主義の根幹も揺らぎかねない。

二〇〇〇年代初頭、旧社会保険庁の組織ぐるみの腐敗が天下に明らかになった。その際、この社会保険庁によって管理されている年金がちゃんと適正に運用されているのかどうか、多くの国民は不安を覚えた。現に当時全国各地の社会保険事務所に長蛇の列ができたことは記憶に新しい。自分が加入している年金は大丈夫なのか、不安いっぱいの国民は社会保険事務所に押しかけ、担当官を問い詰めていた。でも担当官の答えは決まっている。「大丈夫ですから心配しないで下さい」である。

筆者はこんな状況を見るにつけ、わが国民は本当に情けない存在だとつくづく考えさせられた。年金という人生の後半を託する制度の信頼が揺らぎ、大きな不安が生じた際、これを確かめるためには、その不安を生じさせた当の相手のところに出向き、列を作り、あげくその相手から「大丈夫」だと気休めを聞かされるしか術がないからである。もちろんそれは気休めではないかもしれない。しかしそれも確かめようがない。これでも国民は自分が「主権者」だと胸を張れるのだろうか。

もう一つ例をあげる。これも二〇〇〇年代初頭のことだが、政府は躍起になって市町村合併を押し進めてきた。平成の大合併である。その頃の政府によれば合併した自治体の未来はバラ色であって、多少の不安や課題は予見されるものの、それらは自助努力と政府の強力な支援措置により全て払拭ないし解決されるとのことだった。政府はこうした考えをマスコミや政府広報を通じて広く国民に伝え、かつ、全国各地で説明会などを開催したものだ。

これに対し、ひたすら規模を拡大する方針に疑問を持った国民も少なからずいた。また、政府の言うことが本当に正しいのかどうか、確かめてみたいと考えた住民もいたはずである。ではそうした人たちはこれに必要な情報や資料を一体どこで手に入れることができたのか。政府に聞いてみても、政府は合併推進しか頭にないから、当然これに疑問符をつけるような資料や情報が出てくるはずがない。

そこで最寄りの自治体に問い合わせてみたとしよう。今でこそ合併の弊害があちこちで語られるようになり、合併は「バラ色」ではなく「イバラの道」だったと認識する地域も出てきたが、当時は全国の殆どの自治体が政府の方針に忠実に従い、これを後押しする資料しか持ち合わせていなかったのが実情である。心ある住民が合併の功罪を検討しようと勢い込んで資料収集に乗り出したところ、やっぱり合併はバラ色だとする資料と情報を押し付けられてしまったのである。ここでもわが国の「主権者」の情けない一面を見ざるを得ないのである。

本来民主主義の社会においては、権力による情報操作ないし権力の側に操作する意思がないとしても、権力側が日々大量に垂れ流す情報に対抗するための情報拠点の存在が不可欠である。その役割は通常マスコミであったり、アカデミズムであったり、場合によってはNPOなどに期待される し、わが国においてこれらがそれなりの機能を果たしていることは言うまでもない。

しかし、国民生活や国の将来にとって重要な事柄についてこれらの機関が常に対抗軸として機能し、結果としてバランスの取れた情報環境を国民に提供しているかといえば、必ずしもそうとはいえない。その典型的な例としてあげたのが先の年金不安と市町村合併である。前者は政府の不始末、後者は政府が腕まくりをして進めた施策に関することで、政府からバランスの取れた情報が出てくることを期待できない分野だ。こうした事柄について対抗軸が存在しない、ないし対抗軸はあってもそれが著しく脆弱であったとしたら、国民は貧困で歪な情報環境の中に身をおくしかない。それでは国民は民主主義国家の真の主権者とはいえまい。

では一体どうしたらいいのか。ここでも大いに期待されるのが図書館だと言っていい。図書館が国民・住民にとって大切な事柄について常にバランスの取れた情報環境を提供する。それは政府の一方的な情報に惑わされることなく、むしろ敢えてそれらへの対抗軸としての情報環境を整えるぐらいの姿勢が求められよう。例えば年金問題に即していえば、年金の将来を国の資料によらないで客観的に推計した資料であり、年金を管理し運用する国の組織の抱える問題点やその解決方策を示す論説などだろう。市町村合併であれば、合併によって生じうる負の影響、例えば従来自分たちの地域のことは自分たちで決められていたのに、合併後は決められなくなる仕組みを理解できる資料、北欧のようにわが国より小規模の基礎的自治体が質の高い行政運営を可能にしている実情などである。

こうした資料や情報に容易に接することによってはじめて、国民は自らの年金問題を正しく把握することができ、住民は自分たちの地域の将来を冷静に見つめることができるようになる。この権力に対する対抗軸としての図書館の機能は、多様で柔軟、真の民主主義社会を作り、これを維持するためには不可欠のインフラである。と同時にこれらは図書館本来の機能そのものでもある。

ではそもそも図書館本来の機能とは何か。ここで図書館本来の機能、すなわち図書館のミッションを考えてみたい。筆者は図書館のミッションは「自立支援」にあると考えている。国民・住民が自立するための「知的インフラ」だと言う意味である。最近各地の図書館で「起業支援」の取組みが展開されるようになったことは先にふれた。その積極的な姿勢は評価に値するし、図書館におけるこの種の活動がわが国ではまだ始まったばかりなので話題として取り上げられることも多いが、筆者は起業支援も図書館本来の機能の一つに過ぎないと捉えている。それは国民・住民が仕事面で自立するのを支援する活動にほかならないからだ。

二〇〇六年に鳥取県立図書館では「闘病記文庫」を開設した。病魔に侵され、つい弱気になっている人が、例えば同じような病苦を克服した人の手記に勇気づけられ、「生きて行く力」と希望を取り戻してもらえればとの願いを込めてのことである。この「生きて行く力」があってはじめて「自立」も可能となる。この目で確かめたことはないが、「自殺したくなったら図書館に行こう」とのスローガンがアメリカのある図書館に掲示していると聞いたことがある。これこそ「生きて行く力」すなわち「自立」を支えることが図書館の重要な役割であることを端的に表現している。ともあれ、図書館のミッションは自立支援にある。民主主義社会を維持し、その中で主権者として生きていくためには、市民として「自立」することが必要だ。そのためにはバランスの取れた客観的な情報環境が整えられていなければならず、その機能を果たすのが図書館である。その際、権力への知的対抗軸としての機能を敢えて図書館には期待したい。現在のわが国において政治的市民の自立支援にはこの対抗軸が不可欠だと考えるし、それが民主主義の砦になるからだ。

おわりに

本章では図書館の役割を従来とはやや異なった視点から取り上げてみた。民主主義と図書館との関係に焦点を当てて、図書館のミッションを考えてみたものだ。元来図書館の役割を論ずる場合、一般の利用者に視点を置くのが通例だろうが、この際敢えてそれは捨象した。むしろその部分は、多くの識者特に筆者などより図書館との関わりが深く、かつ、専門的知見に富んだ方に委ねるのがふさわしいと考えたからだ。

筆者は、図書館にとってはいささかマージナルとも思える視点から図書館のあり方を論ずることによって、却って現代社会における図書館が持つ本質的役割に気づかされる面があると考えている。それは図書館のミッションを再認識する過程を通じて可能となる。

全国各地の図書館関係者から、図書館の利用者や応援団が少ないことや図書館に対する世間の理解が乏しいことについて、不満や嘆きを聞かされることが少なくない。そうした場合には、図書館のミッションをあらためて考えるよう勧めることにしている。単に貸し出し冊数を増やすのがミッションだとすれば、何でもいいから住民が好んで読む本を多く揃えておけばいい。しかし、それで図書館に対する世間の深い理解が進むとは到底考えられない。のみならず、そんな趣味的な読書を税金で支える必要はないと批判されてしまうのが落ちだ。これは明らかにミッション誤りの結果である。

筆者は長年図書館と関わってきた。それは利用者としての関わりでもあるし、行政の長としての関わりでもあったのだが、その関わりを通じて図書館の役割とミッションを真剣に考えてきた。特に地方自治や民主主義をライフワークとする筆者にとって、図書館とはこの分野においてきわめて重要な知的インフラだと認識するに至っている。幸い一九九九年から八年間、県知事というポジションを与えられたので、誰に頼まれたのでもなくこの認識に基づいて自分の力の及ぶ範囲で図書館環境の整備に取り組んできた。それを踏まえた上で、他の自治体などでも参考にしてもらえればと考え、その取組みの一端などを紹介した次第である。

この章を締め括るにあたって、筆者自身にとって大変嬉しい話題を紹介しておく。それは二〇〇六年秋の図書館総合展において鳥取県立図書館がライブラリー・オブ・ザ・イヤー（Library of the Year）に選定されたことだ。日本一の図書館づくりを目指して頑張ろうと、鳥取県立図書館のスタッフがミッションを大切にしながら創意工夫と努力を重ねたその成果が評価されたされたことを、筆者はわがことのように喜んでいる。県立図書館のスタッフのみなさんに敬意を表して止まない。

第三章　民主主義社会における図書館

糸賀　雅児

1　地方自治と図書館

民主主義社会は、その社会を構成する一人ひとりの意思が尊重されて成り立つものである。そして、地方自治は、自治体の構成員である地域住民にとって、もっとも身近な存在としての自治の場、すなわち「住民自治」の場であるだけに、その基盤となる「民主主義」を良くも悪くも実感しやすいのである。選挙の際の首長や議員の顔が、そして政策やマニフェストの是非が、最も見えやすく判断しやすいのが地方選挙ではないだろうか。そうした事実は、かつてイギリスの政治家・政治学者J．ブライス（James Bryce, 1838～1922）がいみじくも指摘したように〝地方自治は民主主義の学校〟(1)であることを如実に物語っている。

そして、住民自治を機能させるうえで、地域住民が自らの主体的な判断にもとづいて適切に意思決定できるよう、図書館はさまざまな情報を住民に提供し、知る権利・知る機会を保障する役割を担っている。その意味で、図書館は民主主義を機能させる社会基盤（インフラ）の一つである。だからこそ、すべての人に図書館サービスが権利として保障されなければならない。

この場合、重要な点は、すべての人が図書館サービスを受けなければならない、と言っているわけではなく、すべての人が必要な情報や知識、資料を入手しようとしたときに、その選択肢の一つとして図書館を利用する権利が保障されていなければならない、ということにある。この点は、公益社団法人日本図書館協会による『図書館の自由に関する宣言』（一九五四年五月二八日採択、一九七九年五月三〇日改訂(2)）の冒頭の次の宣言文に端的に示されている。

なお、この宣言にいうところの「図書館」は、通常は公立図書館を想定しているように思われるが、「宣言の解説」では〝国民に公開されている図書館においては、当然、この宣言に表明されていることが全面的に実現されなければならない。学校図書館・大学図書館・専門図書館・点字図書館などにおいても、これらの原則が遵守されるべきである(3)〟としている。

図書館は、基本的人権のひとつとして知る自由をもつ国民に、資料と施設を提供することをもっとも重要な任務とする。

1．日本国憲法は主権が国民に存するとの原理にもとづいており、この国民主権の原理を維持し発展させるためには、国民ひとりひとりが思想・意見を自由に発表し交換すること、すなわち表現の自由の保障が不可欠である。

知る自由は、表現の送り手に対して保障されるべき自由と表裏一体をなすものであり、知る自由の保障があってこそ表現の自由は成立する。

知る自由は、また、思想・良心の自由をはじめとして、いっさいの基本的人権と密接にかかわり、それらの保障を実現するための基礎的な要件である。それは、憲法が示すように、国民の不断の努力によって保持されなければならない。

2．すべての国民は、いつでもその必要とする資料を入手し利用する権利を有する。この権利を社会的に保障することは、すなわち知る自由を保障することである。図書館は、まさにこのことに責任を負う機関である。

つまり、地域住民の総体としての国民は、いつでもその必要とする資料を入手し利用する権利を有しており、その権利を社会的に保障することの責任を図書館が負うとする、きわめて崇高な図書館の理念を謳っているのである(4)。

ただし、わが国の図書館関連法制では、公立図書館をはじめとして、私立図書館や学校図書館、大学図書館が教育関連法制のなかに位置づけられていることもあって、図書館と民主主義の関わりに直接触れているものは見当たらない。例えば、教育基本法第一二条（社会教育）や社会教育法第三条（国及び地方公共団体の任務）では、国及び地方公共団体に対し、図書館をはじめとした社会教育施設の設置等による、社会教育や生涯学習の振興に向けた努力義務が明記されているにすぎない。
とはいえ、戦後の民主化・近代化に向けた一連の教育改革のなかで制定された図書館法（一九五〇年（昭和二五年）制定）には、今日の目から見れば、国民の意思決定にとって重要な情報提供の機能を近代図書館に担わせようとしていたと解釈できる条文と当時の解説があることは指摘しておきたい。
それは、図書館奉仕（これは、今日でいえば「図書館サービス」にあたる概念である）を規定した図書館法第三条のなかに見られる、次の第七号の規定である。

第三条　七　時事に関する情報及び参考資料を紹介し、及び提供すること。

実は、今日にいう図書館の「レファレンス・サービス」に相当するサービスは、同条第三号に〝図書館の職員が図書館資料について十分な知識を持ち、その利用のための相談に応ずるようにすること〟と規定されていることから、先の第七号は法制定時に「レファレンス・サービス」とはやや異なった機能を想定していたと解釈できる。この点について、図書館法案の起草にあたった一人西崎恵（当時、文部省社会教育局長）は、すでに法制定直後（一九五〇年）に、次のような重要な解説をしている。(5)

この機能はさきにのべたインフォーメーション・センターとしての図書館の新しい機能である。今日のように大きな過渡期においては、政治や経済の変動もはげしく、中央で起こった一つの変化が直ちに全国民の生活にまで波及するようなことがらも多いのであって、時事に関する正確な知識をもつことは非常に重要なことである。

こうした社会情勢の認識は、今日とそう隔たったものではないだろう。むしろ、すでに半世紀以上も前に、全国民の日常生活に波及する時事問題の正確な知識の重要性を指摘していたことには驚かされるばかりである。さらに、西崎は次のように解説を続けている。

時事に関する情報や、時事を判断する場合に参考となる資料を紹介したり、そういうものを印刷にしたりして提供するのである。このようなインフォーメーション・センターとしての機能は正しい世論をつくる上においても極めて必要なことである（後略）

そしてこの機能を充実させるための施策の一つが、図書館法では後に続く第九条の「公の出版物の収集に関する規定」だというのである。これらの事実は、現在の図書館法制定の当初から主権者たる国民が社会の出来事（時事問題）に関して正確な知識をもち、一人ひとりが主体的に判断するために図書館がサービスするという、民主主義の根幹に関わる重要な情報提供機能を組み込もうとしていたことを示唆している。
図書館をめぐって描かれたこうした構図に、当時のアメリカ占領軍による民主化政策の影響を見て取ることは容易だろう。

2　図書館は民主主義社会に不可欠な情報提供機関

そのアメリカの図書館協会（ALA）が二〇一〇年に新版を発表した「アメリカ社会に役立つ図書館の一二か条」の第一条は、次のようなものである。(6)

〈図書館は民主主義を維持します。〉
図書館は、情報やさまざまなものの考え方をだれもが使えるようにし、それによって人びとが一生を通じて公共政策についての聡明な判断ができるようにします。

ちなみに、旧版の第一条は次のようなものだった。(7)

〈図書館は市民に知る機会を提供します〉
民主主義と図書館とは、持ちつ持たれつの関係にあります。一方がなければ、もう片方も存在することはできません。

（原文）

Libraries Inform Citizens

Democracy and libraries have a symbiotic relationship. It would be impossible to have one without the other.

（『図書館のめざすもの』竹内悊編訳　日本図書館協会　一九九七年より）

また、一九九八年ALA年次大会でのW．フォード上院議員（Wendell H. Ford、ケンタッキー州選出）の次の言葉も、(8)民主主義社会における図書館と情報の役割を端的に示すものとして知られている。

情報を民主主義の通貨とすれば、図書館は情報の銀行である。

（原文）

If information is currency of democracy, then libraries are its banks.

すなわち、自由主義経済においては、需要と供給にもとづく経済財の自由な流通によって市場経済が成り立つように、民主主義社会においては、政府によるコントロールを受けることなく、公開された情報と言論の自由な流通によって主権在民が成り立つと考えられる。その意味で、情報は民主主義社会において「通貨」の役割を果たすことになる。(9)

そして、当座は使われない通貨を預かっておいて、それを必要とする人や組織に対し、適時に適量を流通させる社会的な仕組みが銀行だとすれば、図書館は民主主義社会においてまさに「情報の銀行」の役割を担うことになる。現代社会における図書館の役割をわかりやすく端的に説明する、実に巧みな比喩である。

3　「情報公開」における図書館の位置づけ

図書館は、行政機関における「情報公開」の視点からも、その意義が理解されるべきである。わが国で一九九九年五月に制定された「行政機関の保有する情報の公開に関する法律」（以下では、情報公開法）は、第一条（目的）において〝この法律は、国民主権の理念にのっとり、行政文書の開示を請求する権利につき定める〟としている。そして、続く第二条（定義）において、その「行政文書」を定義しているのだが、この条文の後半で〝ただし、次に掲げるものを除く〟としており、次のものが除かれているのである。

一　官報、白書、新聞、雑誌、書籍その他不特定多数の者に販売することを目的として発行されるもの

二　（略）

ここで「行政文書」から除かれたものについて、この法律の逐条解説のひとつでは〝一号の場合には、市販されており、情報公開法の対象とする必要がないことによる〟としか説明していない。しかし、情報公開法制定に先立って行政改革委員会（一九九四年に行政改革委員会設置法にもとづき政府に設置された）に設けられた「行政情報公開部会」が、一九九六年一一月一日に公表した最終報告「情報公開法要綱案」には、その考え方を解説した文書が添えられている。そこでは、情報公開制度の対象とする〝必要がないもの、またはその性質上対象とすることが適当でないものがある〟としたうえで、次のように解説している(10)。

例えば、官報、白書、新聞、市販の書籍等は、書店で購入し又は公共図書館等の施設を利用することなどにより、一般にその内容を容易に知り得るものであり、本制度の対象とする必要はない。政府のその他の広報用資料等についても、当該資料が、所定の窓口に備え置かれているなど、一般にその内容を容易に知り得る状態であれば、同様である。（傍点は、引用者による）

すなわち、国の情報公開法は、官報、白書、新聞、市販の書籍等の公刊される出版物について、要綱案作成の時点から公共図書館等を通じての入手を想定していたのである。しかも、あえて情報公開制度の対象とする〝必要がないもの、またはその性質上対象とすることが適当でないものがある〟と言及しているからには、これらの公刊される出版物や広報用資料等が、情報公開制度の趣旨に照らして一定の有効性をもつことを示唆している。もともとそうした有効性をもちえない文房具や什器類に言及していないのは当然だとしても、それらと公共図書館等を通じて入手できる〝官報、白書、新聞、市販の書籍等〟は、「情報公開」の視点から明らかに意味合いを異にしている。

かつてＩＴ（Information Technology）革命と言われたように、情報通信技術の進歩はわれわれの社会や生活のあり方を大きく変容させた。そのため電子政府の機能が強化され、インターネットを通じて提供される行政情報は急増しているが、この膨大な行政情報を探しやすく分類・整理したうえで、バリアフリーに誰でもがアクセスできる環境を保障することは、民主主義社会における図書館のきわめて重要な使命なのである。

しかし、その一方で、ＩＴの修得における新たな格差（デジタル・ディバイド）を生みだそうとしているのも事実である。社会の構成員一人ひとりが必要な知識や情報を入手できて、はじめて民主主義は機能するわけであり、こうした格差を解消するためにも、図書館が積極的に情報リテラシーの育成と向上に努めなければならない。図書館は民主主義社会と情報化社会において不可欠な社会基盤（インフラ）であることの認識を、地方自治に関わる人びとの共通理解としなければならない理由はそこにある。

注

(1) ブライス『近代民主政治　第一巻』（岩波文庫、松山武訳）岩波書店、一九二九年、一六〇頁。なお、この表現のもじりなのか、図書館関係者の間では専門書のなかですら〝図書館は、民主主義の学校〟（傍点は、引用者による）というフレーズに出会うことがある（例えば、塩見昇・山口源治郎編著『新図書館法と現代の図書館』日本図書館協会、二〇〇九年、七六頁）。図書館情報学者としては、そう表現したい気持ちを理解できなくもないが、残念ながら政治学者の間ではとうてい理解されないだろう。

(2) 公益社団法人日本図書館協会の公式サイトにある「図書館の自由委員会」のページで閲読が可能である。(http://www.jla.or.jp/ibrary/gudeline/tabid/232/Default.aspx)

(3) 日本図書館協会図書館の自由に関する調査委員会編『図書館の自由に関する宣言一九七九年改訂　解説』日本図書館協会、一九八七年、二〇頁。

(4) これと同様の理念は、ユネスコの『ユネスコ公共図書館宣言一九九四年』（一九九四年一一月採択）や『ユネスコ学校図書館宣言』（一九九九年一一月第三〇回ユネスコ総会批准）にも見受けられる。

(5) 西崎恵『図書館法』（入江俊郎監修、新法文庫）羽田書店、一九五〇年、六七頁。なお、この書籍は次に復刻されている。西崎恵『図書館法』日本図書館協会、一九七〇年、七三頁。

(6) 竹内悊編訳『図書館のめざすもの』新版、日本図書館協会、二〇一四年、一四頁。

(7) 竹内悊編訳『図書館のめざすもの』日本図書館協会、一九九七年、一一頁。

(8) 一九九八年開催ALA年次大会のポスターの記載で確認した。

(9) この比喩〝情報は民主主義の通貨〟は、アメリカ合衆国第三代大統領T・ジェファーソンの言葉だとする説が有力であるが、確認できていない。

(10) 行政改革委員会『情報公開法要綱案』一九九六年一一月一日公表。本書刊行の時点で、次のサイトに全文が公表されている。

(http://homepage1.nifty.com/clearinghouse/johokokaiho/bukai/kangaekata.html)

また、次の書籍の巻末にも「資料」として全文が掲載されている。

右崎正博、田島泰彦、三宅弘編『情報公開法　立法の論点と知る権利』三省堂、一九九七年。

第Ⅱ部　地方財政と図書館

第四章　講演・図書館と地方自治

片山　善博

本章では、第一四回図書館総合展（二〇一二年一一月二一日、パシフィコ横浜）において開催されたキハラ株式会社創業九八周年記念フォーラムより、片山による講演を載録する。このフォーラムの第一部では、「光交付金と図書館での活用実績」というテーマで、内閣府、総務省、文部科学省の三者による報告と説明が行われた。なお、本フォーラムのコーディネータは糸賀が務めた。

【糸賀】　はじめに、片山善博先生に「図書館と地方自治」という演題で基調講演をお願いいたします。片山先生は、二〇一〇年の九月から二〇一一年九月まで総務大臣をお務めでした。その間に「光をそそぐ交付金」を補正予算で措置され、全国の図書館が交付金を活用することができ、光交付金は日本の図書館振興を図るうえできわめて大きな役割を果たしました。

同時に片山先生は、慶應義塾大学法学部の教授をお務めで、現在は教授職に復帰されています。私も三田キャンパスに研究室がありますので、時どきお会いすることがあります。先日、キャンパスでお会いしたときに先生が「最近は法学部の仕事よりも文学部の仕事が多くて」と言われたことを覚えております。

これから地方自治の中で、図書館についてどのように位置づけていったらいいのか、補助金や財源確保の話と合わせて示唆に富んだお話をいただけるものと思います。それでは片山先生、どうぞよろしくお願いいたします。

講演「図書館と地方自治」　片山　善博

皆さん、こんにちは。いま糸賀先生からご紹介いただきました片山です。私は慶應義塾大学の法学部で「地方自治論」という講座を担当しております。研究室は、糸賀先生と同じ建物の中にありまして、しょっちゅうエレベーターで会ったり、階段で会ったりするんです。考えてみると、結構、図書館の関わりの仕事も多くなってきていました。糸賀先生に紹介していただいたように文学部の仕事が多いなと申し上げたこともあるのですが、実は本当は、法学部の政治学科で「地方自治論」をやっておりますから、地方自治の本来の分野でもっと図書館に光を当てなくてはいけないというのが、私の基本的な考えです。

図書館は、先ほどもお話がありましたが、公立図書館、これは自治体が経営しています。学校図書館、これは私立の学校ももちろんありますけれども、大半は義務教育、それから高等学校の図書館ですから、これも市町村なり都道府県の経営です。あと、先ほどお話があった大阪市立図書館はもちろん、大阪の市立大学の図書館もこれは大学ではありますが自治体が経営しています。そうしますと、日本の図書館のほとんどが自治体の仕事の一環であると言えます。私は「知の地域づくり」ということを提唱して、その知の拠点に図書館を位置づけていますが、それならばもっと地方自治行政を担う自治体が図書館というものを重視して、必要な投資なり、人的な配置なりをすべきではないか。現状を見ると、必ずしもそうなっていないから、どこに問題があるかということを考えるのも実は地方自治論の一つのテーマです。そのような目的意識を持ちまして、私も図書館に強い関心を持っている次第です。

1　住民生活に光をそそぐ交付金

私が総務大臣に在任中、菅（直人）内閣のときでしたが、そのときに「住民生活に光をそそぐ交付金」を、平成二二年度の補正予算で創設しました。いろいろなところで、様々に活用されて多少なりとも世の中に役に立ったという話を、担当の方から直接伺いまして非常にうれしく思いました。個人が、国や自治体の行政でどれほどの役割を果たせるのかということは非常に興味深く、古くは、『歴史における個人の役割』という本をロシアのプレハーノフが書いていますが、個人が歴史に及ぼす影響というものはほとんどないという説と、個人が何がしかのことをすればかなりの程度歴史を動かすことができるという見解の対立があります。私も知事や大臣をやらせてもらって、一生懸命自分なりにいろんな分野の仕事をしましたが、現時点では多少なりとも、自分がやってきたことが図書館の関係の皆様方に、少しく影響を与えたのかなと思いつつ、先ほど（フォーラム第一部）の報告を伺っていた次第です。

どうして、光交付金をつくったかということですが、実は自分で提唱して、幸いなことに予算として出来上がったわけですけれども、これを提唱するときに、総理なり関係の閣僚にお話をしましたが、そのときにも、非常にアンビバレントな気持ちでありました。是非これはやったほうがいいと思ったから提案をしたのですが、こういう交付金は、地方自治の原則からすればあまりよくないことだという意識も、実は半分ありました。それでも、当時の自治体の状況からやはり交付金が次善の策としてあった方がいいだろうと思い、心を固めて関係方面に働きかけたわけです。

本来は、国がヤイヤイ言わなくても、全国の自治体は、地域社会にとって必須である公共図書館の整備、それから学校教育において重要な拠点である学校図書館の充実に対し、自治体がしっかりと予算を確保し、必要な人員を配置して、必要な本を中心とする備品をきちんと揃えなければいけないと思うのです。ところが必ずしもそうなっていない。本来これは地方自治の仕事でありますから「図書館の重要性をきちんと認識してしっかりやってくださいね」という一般論だけ言っていればいいはずなのですが、それだけではなかなか世の中は動かない。そこに悩みやジレンマがあり、こういう誘導策のような、交付金をつくるということになったわけです。

2 自治体行政の諸相

本来、率先して誰に言われることなく公共図書館や学校図書館を自治体がきちんと整備する、人的、物的に整備することが求められているのに、なぜそうなっていないのか、地方自治はどうなっているのかということを少しお話したいと思います。

最初に「自治体行政の諸相」と書きましたが、自治体行政を眺めた場合に、いろんな分野があるわけです。端的に言いますと、自治体の中で財政的にも人的にもそれから首長さんなどの関心が向いているかという点を含めて、非常に光がよく当たっている、そういう分野もあります。逆に、光があまり当たっていない分野もあるんですね。今、自治体が行っている仕事、そのための組織というのは、大体が必要なものです。ただ、その必要なものの中に光が非常によく当たる分野と、そうでない分野があります。

総じて、自治体で光が当たっている分野は例えば公共事業、特に土木部の道路課などには光がよく当たります。また県庁や自治体の組織の中では、お金を使って仕事をするわけではないけれども、内部管理で光が当たっているところがあります。例えば人事課とか財政課などですね。

ですが光が当たっていない分野もあります。どんなところかというと、例えば言いにくいですけれど、従来から図書館なんかあんまり光が当たっていない。いやいや、うちは当たっているという方もいらっしゃると思いますが、当たっていないところが多かったのではないかと思います。あと、試験研究機関なども予算を年々削られる、そういうところも多いです。

3　従来の地方行財政の特徴

地域社会では雇用の問題は非常に深刻です。若い人がなかなか仕事に就けない、魅力ある仕事に就けない。三月の終わりになりますと、学校を卒業する人たちは都会に行ってしまう。都会の大学に行っていた人は帰ってこない。帰りたいのは山々だけど、いい仕事がないからと、こういうことになっています。ですから雇用の問題は非常に重要ですが、従来は雇用問題を解決するのに、すぐ公共事業という話になるんです。けれども、私は知事のときに、鳥取県の産業構造を少し分析したところによると、具体的には雇用と公共事業の関係を冷静に分析してみますと、公共事業の雇用創出効果は鳥取県にとってあまり大きくないことがわかりました。私は公共事業というものを、知事になって三〜四年のうちに半分ぐらいにしました。理由の一つは、前の知事のときまでは公共事業をどんどんやっていたのですが、本当に必要な事業ならいいのですが、いらないものも多い。それはやめようということで減らしました。もう一つは、公共事業は雇用の創出効果が大きいという説明になっていたのですが、それはさっき言いましたように、冷静に分析してみたらあまり効果はなかったわけです。

なぜかというと、公共事業に大量のお金を使いますが、その多くは土地代になるんです。特に街中の街路なんかを直すときには、土地代に相当お金を費やします。地元の地権者から土地を買いますから、地元の地権者が土地購入代を受け取るわけですね。ですけれども、その土地を売ったからといってその人が、何か新しい会社を始める等ということは一切ありません。土地代は、ほとんど雇用と関係ないわけです。銀行の口座に眠るわけです。それはそれでもいいんです、そのお金は地元に残りますから。

あと、資材を使います。アスファルト、鉄、セメント。これらを大量に使いますが、残念ながら鳥取県にはアスファルトを作る石油化学工業も、製鉄会社もセメント会社もありませんし、鉄鉱石を産出するわけでもありません。ですから、資材を相当調達しますが、地元の雇用にはほとんど結びつかない。強いて言えば、砂利を使います。山から持ってくる砂利を掘る人の所得につながるぐらいです。ということで、大半は千葉県の製鉄所とかオーストラリアの鉱山労働者の収入になる。公共事業費は土木作業員の人件費に回る部分もあります。これは県内の雇用につながります。ただ、その比率はあまり高くありません。しかもダムとか橋梁、トンネルなどの大きな工事になりますと、ほとんど大手ゼネコンに発注しますので、地元企業はその下請け、孫請けとなって、そこで雇われる建設作業員、これは地元の人が採用されますが、その賃金単価たるや非常に低いものになるわけです。そうしますと、大量の公共事業を発注して県内の雇用にどういう影響があるかということを調べてみますと、あまり影響はないんですね。もちろん日本全体では某《なにがし》かの効果は当然あると思いますが、県内だけで考えると、投じた資金に見合う効果はない。

もう少し言いますと、地権者の口座に眠る預金がその後どうなるか。大体土地を売る地権者はお年寄りが多いですから、何年か経ったら、残念なことに亡くなられるわけです。その方の子どもさんは既に東京とか大阪に出ていますから、相続を通じて知らない間に都民の預金になっていく。鳥取県の県民の預金だと思っていたら、都民の預金になっている。ということで、経済効果や雇用のために公共事業は非常に重要なんだという一種の神話がありましたが、実は鳥取県にとってみればあまり関係ないということが、知事をやって数年のうちに分かりました。

ではなぜ、公共事業ばかり一生懸命やっていたのか、というと、これは県だけの責めに帰すことができない要因もありました。それは地方財政の問題でもあります。私も、むかし自治省という、今の総務省の官僚をやっておりましたけれども、従来の自治省が地方自治に対する財政措置という、地方財政の大きな枠組みを決めるのですが、そのときの一つの考え方を見てみると、自治体を公共事業のほうに向けるような要素が随所にありました。例えば、地方財政を分析するときに投資的経費と消費的経費という分類があるんですね。

投資的経費というのは、公共事業のように物が後に残るものです。消費的経費というのは、例えば人件費が典型的な消費的経費です。本当は人材という人が残るのですが、給料というのは払ったらそれで終わりということですから、消費的経費の一番の典型です。このように分類されるのですが、言葉の印象で、投資的経費の方がいいという価値観があるんですね。投資をすると後に残りますが、消費をすると使ってしまうから無くなる。ということで、従来からの国の価値判断といいますか評価は、投資的経費は非常にいい自治体のお金の使い方。消費的経費はできるだけ切り詰めるべきだという価値判断のもとで、全国の自治体は何十年も財政運営をしてきたものですから、人件費はできるだけ減らそうということになるのです。

日本の歴史でいいますと、第二次世界大戦の後、日本の主だった都市はほとんど荒廃して何もありませんでした。自治体の仕事の関係でいっても、道路などの公共施設の整備は不十分でした。そういうときは投資というのは非常に重要です。けれども今日では概ね学校の整備もできた、体育館もできた、文化会館や市民センターも大体できて、道路もずいぶん立派になった、そういう時代に、ではこれから何が必要ですかというと、やはり高齢化社会を迎えて高齢者福祉が必要です。それから子育てがきちんとできるような対応策をやらないといけません。そういった人づくり、教育が重要ですね、ということになるのです。これが成熟社会ですね。そうなりますと、例えば教育というのは何が一番重要な要素ですかというと、人です。教員です。教育は当然学校という建物を建てていうことになりますが、建物だけでは教育できません。先生がちゃんとしていれば、建物が不十分でも教育はできます。両方あれば一番いいわけですが、どっちが重要かといったら、人です、教師ですね。

だから教育は、人が基本になるわけです。その人には給料を払わなければいけませんから、消費的経費になります。教育行政では消費的経費はことのほか重要なんです。福祉はどうか。福祉センター等の建物を実際につくりますが、やはり介護にしても人がしっかりとケアをする、スタッフの人たちが重要です。ですから福祉を充実しましょうといったら、もうこれは給料を払うことなのです。成熟社会には、従来の発想を変えてやはり消費的経費が非常に重要、特に人件費が重要だという認識に立たなくてはいけないのです。これまで、その発想の転換が国はできていません。つい最近まで投資的経費が善で、消費的経費が悪だというような、そういう価値観の下に地方財政を運営してきたきらいがないわけではありません。今は少しは変わりましたけどね。ちょうどいいときに私は総務大臣をやらせていただいたので、総務省の官僚の人たちとほとんど毎日のように議論しながら、少しずつ頭を切り替えてもらうようにしました。ですから、総務大臣をやらせてもらったのは大変いいチャンスだったと思います。ともあれ、これからは変わってくると思いますし、変わらなければいけないと思っています。

特に、景気対策といったときに、先ほど言ったように雇用の問題というのは、我が国全体にとっても、個別の地域にとっても大変重要です。そういう中で、雇用というと公共事業という固定観念があったわけですが、先ほど申しあげましたように、日本全体としてはともかく、自治体、特に地方の自治体が目指すべき雇用対策としては、公共事業は必ずしも的確な手法ではない。これもやはり今、認識を改めるべき段階にきているのだろうと思います。今まではとにかく景気対策、雇用対策というと公共事業を増やしたんです。その結果、自治体財政が借金だらけで首が回らなくなると、今度は予算を縮小しないといけない、行政改革をやるということになるんです。

どういうことかというと、予算を「増やせ」というときは公共事業が増えるわけです。その増えた状態でバランスが取れたところに、行革で「減らせ」ということになると、今度は全体を減らすわけですね。増やした分だけ減らすのなら分かるのですが、一律カットという話になると、増えたところも、増えていないところも全体を減らそうという話になる。その結果どんどん先細りになってくるのが、光の当たらない分野です。図書館もそういう面があったのだろうと思います。一律五%カットという時には、他の分野とともに影響を受ける。公共事業でどんどん予算を増やそうというときには、全然増えない。そういう狭間で、光の当たる分野と当たらない分野とが自治体の中でアンバランスになっていく。こういう歪みが顕著に現れました。

4　自治体行政のバランス回復の試み

私は、そういう認識を持っていて、何とかしないといけないと思っていました。一九九九年に鳥取県知事になりましたが、知事になると県議会の同意が得られれば大概のことはできます。諄々《じゅんじゅん》と理を尽くして説けば、大概の県会議員さんは分かってくれます。公共事業礼賛論の県会議員さんも随分いらっしゃって、初めは反対もありましたけれども、いろんな機会に議論していると「あ、それはそげえだな」となる。これは鳥取弁ですが。ともあれ、知事の言うことも一理あるなということで、だんだん理解を示してくれて、公共事業を随分減らすことができました。でも全国の自治体を見渡せば、やはりアンバランスな状態が多いことが随分気になりました。これは何とかしないといけないなと思いまして、ものを書いたり、いろいろなところにお話をしに行ったりしていました。たまたま菅内閣のときに菅さんから総務大臣をやってくれと言われました。多少の悩みや迷いがないわけではありませんでしたが、自治体の体質を少し変えるにはいいチャンスだと思いましたので、喜んでやらせていただきますということで、総務大臣の仕事に取り組むことにしたわけです。

　菅さんの所信表明演説を検討する時のことです。所信表明演説の草稿を閣議の場で検討するのです。閣僚たちがその所信表明の原案を閣議で見せられました。意見があったら言ってくださいというので、その場で「民主党らしさはどこにあるのですか」と、私は率直に申し上げたのです。なぜならば、今話題になっているＴＰＰ、これを推進したいという前向きな意思が読み取れる内容が当時から書いてありました。あとは原発輸出ですね、消費増税をにおわすことも入っていました。当時はそういったものが、民主党菅政権の所信表明演説の草稿でした。これは、民主党が本当に求めてきたことですか、私は民主党に属してはいないけれども、民主党らしさがどこにあるのですかということを申し上げました。そうしたら、閣僚からも二、三の人が、そう言われればそうですね、党外の片山さんにこういうことを言われて気付くようでは駄目だなと。それで、菅さんが、「じゃあ、どうしたらいいんですかね」と尋ねられましたので、私は、例えば生産者重視から消費者の目線に立った行政をもっと強く押し出す、消費者行政などですね、それから強者の論理ではなくて弱者に寄り添う姿勢が必要ではないか、などということを申し上げました。それらは、すぐ取り入れてくれました。

あともう一つは、知的社会といいますか、公共事業偏重ではない知的な面でもっと雇用を生むような、そういう雇用政策とか経済政策を盛り込む必要があるのではないかという話をして、そういう観点から少し書きなおしをしました。併せて、すぐに補正予算の編成がありました。やはり景気対策中心の予算で、経済の落ち込みを回復させよう、雇用を創出しましょうということがもっぱらの目的でした。それをどのように組み込むかとなると、やはり従来型の公共事業中心の予算内容だったので、これも少し変えるように進言しました。先ほど議論した所信表明演説で、生産者重視から消費者の目線に立つとか、強者の論理から弱者に寄り添う政治とか、それから知的な社会をもっとつくっていくということを書きましたから、補正予算でも、従来型とは違った雇用政策なりを入れたらいいのではないですかという話を申し上げたんですね。ではどうしたらよいかということになりましたから、「今までの逆をやってみませんか。いくらかの枠を確保して、その予算は、従来使えなかったところにしか使えない。従来、光が当たってこなかったところにしか使えない。こういうまるっきり逆転の発想をしたらどうですか」と言ったら、「それは面白い、では片山さん、考えてくださいよ」となりました。では、私にいくら預けてくれますか、ということを申し上げたんですね。そうしたら、ちょっと財政当局と相談しますからと言われて、三〇〇億円ぐらいでいかがですかという話だったんですが、それでは少ない。私は「一千億円は要ります」と言いましたら、わかりましたと一千億円付けてくれたのが、この光交付金ということになったんですね。

名前は、官僚の皆さんと相談をして「住民生活に光をそそぐ交付金」ということにしました。対象は、先ほど言いましたように従来の景気対策とか雇用政策の下で、公共事業のように光の当たってきた分野は除きます。菅内閣の一つの特色として、そうでないところに光を当てることにしました。では、それはどんなところかというと、これは国から自治体に交付するお金ですから、自治体の行政分野であまり光が当たってこなかったところ。多少私の偏見とか偏りがあるかもしれませんが、そのときに申し上げたのが、一つは図書館と学校図書館ですね。あと試験研究機関、ここもあまり光が当たっていない。それから弱い立場の人たちのための施策、例えばＤＶ被害者の支援、自殺予防、児童虐待など。それは総じて、社会でいろいろな大きな問題が発生していて、課題も明らかになっていて、対策もある程度分かっているのになかなか進まない分野です。自殺予防はちょっと難しいところがありますが、それでもやるべきことはこういうことですよ、というのは大体分かっているんですね。

分かっているのになぜ進まないのだろうか。それはやはり自治体の中で光を当ててもらってないからなんですね。では、光を当てるといいままでと違ったカテゴリーの雇用が発生するのでしょうか。もちろん発生します。例えば図書館です。これまで司書のいない図書館や人のいない学校図書館が数多くありますが、ここに人を置けば雇用増になります。それから図書館を修繕するとか改築するとなると、工務店とか建設会社の仕事が増えます。そこでは、投資事業も行われるわけです。そこに工務店なり建設会社が入ってきて、もちろんセメントも鉄も使いますし、そこで建設労働者も雇うわけですね。これも立派な雇用創出策です。ですから、従来とは違ったところで確かに雇用が発生するということを、私も実証してみたかったんです。結果として実証できましたけれども、そういう経緯で始まったのが「住民生活に光をそそぐ交付金」です。

本音を言えば、私はこういう新機軸の事業は、自治体に準備をちゃんとしていただくためにも、やはり当初予算でやるべきだと思うのです。でも、実際やったのは一一月頃に出来上がった補正予算でした。一一月頃に、補正予算でさあ一千億配りますよといって自治体に通知しても、もうその頃に今年度から事業をやりましょうというのはなかなか難しいですね。時期としては、自治体内部では来年度の事業を検討しましょうという頃で、もう翌年度の予算要求を拵えて、予算の折衝も始まっているのです。それを今年度からやる事業ですよ、さあ使えますよと連絡しても、いやちょっと勘弁してくださいと戸惑う自治体もあったようです。ですからそのときも少し迷いました。担当の役所の人たちとも相談をして、来年度の当初予算に回した方がいいですねという話になりつつあったのです。

でも、いやいや、待て待てと。それが理想だけれども、そんなことをしていて時間的に大丈夫だろうかと思い直しました。直近のわが国政治史を振り返ると、小泉内閣を唯一の例外として、大体みんな一年で終わっています。安倍内閣、福田内閣、麻生内閣、それで政権交代後の鳩山内閣、その後が菅内閣となるわけです。さて菅さんの場合、どれぐらいやるか。その頃は未知数でしたが、今まで一年で内閣が終わったという例を菅内閣は免れることができるかどうか、分かりません。私としては、せっかく菅さんがこういう分野でお金を使わなくてはいけないということを理解してくれて、財政当局にもきちっと指示してくださって、お金を工面できることになった。仮にこれを半年ぐらい延ばして、翌年度の当初予算に組み込むことにしたとして、その間に何が起きるか分からない。実は起きましたね。三月一一日、東日本大震災が起きました。

だからもし私が、新年度にこだわって当初予算でやりましょうと言っていたら、おそらく光交付金は日の目をみていなかったと思います。なぜならば震災復興優先になりますし、それは当然だからです。だから補正予算で多少無理をしてでも早くやっておいてよかったなと思いました。ちなみに、内閣はいつまで続いたかというと、案の定、一年で終わりました。ということで、ちょっと準備不足の感は免れませんでした。これは皆さん方といいますか、自治体の皆さん方、使っていただく側に少しご迷惑をおかけしたことはあると思うのですが、そういう事情で止むを得ずそうしたということであります。

自治体の反応はどうだったかということですが、これはまちまちでした。大体当初から予想していましたが、慌ただしい補正予算であったにもかかわらず、本当にテキパキと手続きをされ使っていただいて、効果を出していただいたところも多くありました。その中のいくつかが今日発表されたところだったのだと思います。私は、これは普段からしっかりされていたのだろうと思うのですね。お金があったらこういうことをやりたいという、いろんなアイデアを普段から考えている。そこに突然であってもお金が出れば、あ、これをやろうというアイデアがすぐに財政当局のほうに出ていくわけですね。普段、どうせ言ってもしょうがないから、何をやっても意味がないからと何も考えず、財政課から付けてもらった予算だけ執行すればいいんだというような考え方のところは、突如平年度の予算を大きく上回るようなお金がパッときて、さあ使えますよと言われても、咄嗟にはやはり対応できないということだと思います。ですから、ちゃんと本当にスピーディに反応されて使われたということは、それはそのときの機敏な動作もありますが、普段からしっかりされていたからではないかと思います。そういうところもありました。

それから全然使わなかったところもあります。私は、首長から文句を言われたことがあります。知事会とか市長会とかに行ってこの話をしたんですね。重要な分野なんだけど、失礼ながら、皆さん方のところでやっぱり光の当たらないところがありますよ、いい機会だから、この際光を当ててみて、どういうことができるかやってみてくださいという話をしたんですね。そうすると、文句を言われました。我々はちゃんとやることはやっとると、自分はちゃんとやることやっていると思っているのです。残念ですが。そういう認識の違いもありました。

もう一つは、使ったことになっているのですが、実は使ったフリをした自治体が結構あります。統計上は使ったことになっているんです。例えば一千億のうち三〇〇億円、図書館に使ったという統計になっているのですが、全部が全部いい使い方だったかというと、決してそんなことはありません。どういうことかというと、二二年度の補正予算で使いました、でも二三年度の当初予算で同額を削りました、というようなところはありませんでしたか？　私のところに、現場の方からお手紙が結構来ました。うちは二二年度補正予算で光交付金が本当にきた、私たちの職場にも来た、光が当たってお金が来た。それで申し込んだら、本をドサッと買ってくれました、今まで買ってもらえなかったような本をたくさん。それでよかった、よかったと喜んでいました、光が当たったなと。ところが、毎年度経常的に付く蔵書購入費や備品購入費が翌二三年度の当初予算で、去年の補正でつけたでしょといわれて、ほぼ同額削られたそうです。なんということでしょうか、結局は、やはり光の当たらない交付金でした。というようなお手紙を、何通かいただきました。

実際にそういうところがあるのです。使った格好にするけれど、図書館とか学校図書館に回るお金は、補正予算と翌年度の当初予算とを合計すると平年度と全然変わっていない。だけどお金は上乗せしてちゃんと政府から出ているわけですね。それをどこに使ったのでしょうか。公共図書館や子どもたちのために是非これは上乗せして使ってもらいたい、今までできなかったところに使ってもらいたいと、本当に心をこめて配ったはずですが、使った格好だけしてよそに流用している。そういう見識のない自治体がいくつもありました。誠に残念なことです。こんな自治体が一番悪いですね。皆さん方も胸に手を当ててみれば、うちのことだなと思いあたる人もいるかもしれませんね。いけませんね、これは。

ともあれ、全国の自治体にはこれから是非図書館に光を当てていただきたい。この交付金は一過性のものです、菅内閣で私が総務大臣をさせてもらって、菅さんもそれはいいということで民主党政権の下でやりましたけれども、内閣が替わると、もうこの交付金は継続しません。でも、この交付金で実現しようとしたことは一過性に終わらせないで、永続的なものにしてもらいたいと思います。そこで、総務大臣をやっていたときにその後のことも考え、総務省の官僚の人たちと話をして、やはり従来の総務省の支援策、特に地域振興支援策を少しシフトさせるようにしました。もう少し知の地域づくり、知的な分野で地域の振興を図るように自治体をサポートできないかということを、何ヵ月かかかってこんこんと話をしまして、ある程度その方向にシフトしてくれました。それが、先ほど総務省の方から説明があったのではないかと思いますけれども、普通交付税や特別交付税、そういう財政措置の中で、図書館、学校図書館、試験研究機関そういうところの取り組みに対して支援しますよということになりましたから、是非現場の方々にそれらを活用していろんな取り組みをやっていただければと思います。

5　図書館行政に光を当てるには

今お話ししたお金が使えるという前提で少しお話をしますと、いくつかポイントがあると思います。私が鳥取県で実践してきたことも含めて申し上げますと、県立図書館がやはりきちんとしてもらったほうがいいです。どういうことかというと、県立図書館は、ライブラリー・オブ・ライブラリーズです。市町村立の公共図書館がありますが、県立図書館はその中枢たるべき存在です。県内の市町村の中で図書館行政が進んでいる市もあれば、図書館がない、あるいは図書館行政に不熱心な市町村もあります。そういう進んでいないところに少し県立図書館がサポートをして、また刺激を与えたり、研修のお手伝いをしたり、いろんなことをして、県内全体の図書館の底上げをする。県立図書館にそんな機能があれば、市町村も動きやすいのではないでしょうか。県立図書館には是非、そうした役割を持つようにしてもらいたいと思います。市民サービスの中心はやはり市町村です。その市町村の市民サービスがうまくいくように、県立図書館は全体のバランスをとって支援していくということに努めていただきたい。

それから公共図書館と学校図書館のネットワーク化を図る。一人より二人のほうが力は強い。県立と市町村立と学校図書館との間でネットワークを作ってください。三本の矢は折れないと毛利元就が言った。本当はそんなことは言っていないという説もあるんだそうですが、一応言ったということになっていますから、一本の矢は折れても、三本の矢は折れないということだと思います。鳥取県は、ちなみに県立図書館と県立高校の学校図書館の司書さんは、同じ人事の中で移動していいます。そうやって人事を一元化することによって、非常にいい効果が生まれています。

また、図書館と地域の書店との交流も重要です。共存共栄、図書館と書店とがともに栄えるような取り組みを是非していただきたいと思います。

さらに、教育委員会の中で図書館はどういう位置づけになっているのか。これも重要です。多くの自治体では、生涯学習課の中にぶら下がっている出先機関ではないかと思います。それだと、なかなか予算要求もトップには届かないし、人事配置、定数の要求も中枢部に届きません。

私が知事のときでしたが、どうも図書館の話がうまく伝わってこない。生涯学習課長の説明を聞いても隔靴掻痒、靴の上から痒いところを掻くようなもどかしさがあったものですから、教育委員会に相談をして、県立図書館を本庁化しました。図書館という施設はもとより県庁舎の外にあります。これを本庁化するという意味は、組織上、教育委員会の総務課や教職員課と並んで、図書館を直接組織の中に位置づける。そうすると教育委員会の重要な会議には必ず図書館長が出席するし、予算編成のときには総務部長や知事に直接、図書館長が説明するといったことができるわけです。そうしたことによって、非常にクリアに、図書館の様子が分かるようになりました。みなさんのところでも、是非図書館を教育委員会組織の中に直接位置づけられたらいいのではないかと思っています。

教育委員会は非力で、予算編成権もないしお金もないし、ということですが、実は「地方教育行政の組織及び運営に関する法律」（第二九条　教育委員会の意見聴取）の中には、知事や市町村長は教育に関する予算を編成するときには、教育委員会の意見を聞かなくてはいけないとされています。義務としてです。逆にいうと、教育委員会には知事や市町村長に意見を聞いてもらう権利があるのです。しかし、実態としてほとんどの教育委員会はこの権利を活用していません。是非これを活用して、どんな内容の意見を言ったのかということをきちんと天下に明らかにしてもらいたい。情報公開です。首長には何も言わず、要求もしないでいて、そのくせ金がない、金がないから図書の充実ができませんなどというのは無責任ですね。そういうことも、皆さんのところでちょっと確かめていただければと思います。

それから議会です。議会が最終的に自治体の予算や職員定数を決めるところです。議会が図書館に暗いと、いきおい図書館行政も暗くなります。議員の皆さんに、もう少しきちんと図書館に対するリテラシーを高めてもらわないといけない。そのために何をするかといえば、図書館関係者は、もっと議員たちに根気強く働きかけてください。地方議会には議会図書室があります。地方議会には議会図書室を置かなくてはいけないという義務規定が地方自治法第一〇〇条にあります。これは重要な規定です。この議会図書室がきちんと機能していますか。議会図書室をもっと活用されませんか、ということを図書館関係者は議会事務局なんかに促されたらいかがでしょうか。

そうすると、例えば議員さんがいろいろな調査をするときに、議会図書室のレファレンス機能を活用して、自分の質問に反映させるとか、議案審議の資料にするとか、そういうことができれば、その後の議員活動も随分と変わってくるはずです。議員が議会図書室を通じてこうした一種の成功体験を持てば、図書館・図書室に対して認識を新たにされるのではないでしょうか。ですから議会が、ちゃんと議会図書室を活用するようにという、そういう働きかけなり運動なりをされるということも有意義ではないかと思います。

まだまだお話したいことはありますが、あとパネルディスカッションにも参加しますので、そのときに足りないところはお話したいと思います。ご静聴、ありがとうございました。

第五章　パネル討論・地方財政と図書館——光交付金で図書館整備を

本章では前章に引き続き、第一四回図書館総合展（二〇一二年一一月二一日、パシフィコ横浜）において開催された記念フォーラムより、片山の講演に続くパネル討論を載録する。

パネリスト：片山　善博
　上月　正博（文部科学省大臣官房審議官）
　武居　丈二（総務省地域力創造審議官）
　永利　和則（福岡県小郡市立図書館館長、日本図書館協会理事）
コーディネータ
：糸賀　雅児（慶應義塾大学文学部教授、中央教育審議会生涯学習分科会臨時委員）
（所属は、いずれもフォーラム開催当時）

【糸賀】ただ今の片山先生の基調講演を受けまして、パネル討論に入ります。本日のパネル討論は「地方財政と図書館――光交付金で図書館整備を」というテーマを掲げております。片山先生の基調講演、それから第一部の報告と説明もお聞きになったご感想から、まず総務省地域力創造審議官武居さんにご発言をお願いいたします。

1 総務省の地域振興、地域活性化に関わる取り組み

【武居】 こんにちは。総務省地域力創造審議官の武居です。私は地域力創造ということで、地域振興や地域活性化に関わるお話から入りますが、「知の地域づくり」もこれから大変重要になる分野ではないかと感じております。特に政策も「ハード」から「ソフト」へといったことはかねてより言われておりますが、実際に地方を回って見ますと「ソフト」というよりも、地域活性化の「しくみ」や「機能」の面をどうしていくか、お金というよりも「ひと」をいかに地域で活かしていくかということが大変重要になっているように思います。私どもの政策の中に、定住自立圏の構想、緑の分権改革、過疎対策といったものがありまして、地域を見つめなおし地域の資源を活かす地域づくりを、片山総務大臣当時もそうですが、これまで進めてきております。その推進力になるものに図書館の「機能」を活用した知の地域づくりもあると思います。

それから地方財政のお話しがございましたが、この場合、マクロの地方全体の財源をどうするか

ということと、もうひとつ、四七都道府県、一七〇〇余りの市町村、個々の自治体をどうするか、この二つの視点が必要になります。ここに地方分権、地域主権の改革が絡んでくるわけですが、要するに、地方で直接判断できるようなしくみができているなかで、地方全体の予算が確保されても、個々の自治体の予算を自分たちの責任でどうするかという、この視点が当然重要になってまいります。是非皆さん方にも、そういう意味で、積極的に対応していただきたいと思います。来年度の予算スケジュール等は、まだ今後に待たれるところではありますが、地方財政対策でも関係する分野できちんと対応すべく要求を行っているところですので、ご活用いただきたいと思います。

【糸賀】お話がちょうど出ましたけれども、いま手元に『二〇一二年度地方財政計画の特徴』という文書を持っておりますが、ここに三本の柱があるというふうに書かれていますね。これは二〇一二年度ですので、一三年度は今度の選挙の結果如何で、少し変わるのかもしれませんが、二〇一二年度の地方財政計画の中で三本柱がありまして、一つが震災復興、二番目が税制改革と地方財源確保ですね、三番目がいま言われたような地域主権改革。これら、まあ震災復興はちょっと別といたしましても、税制改革や地方財源確保、特に地域主権改革で、地方にちゃんと財源をある程度与えた上で、そこでの地域活性化を考えていく。あるいは、知の地域づくりを考えていくということが求められてくるのだろうと思います。この計画を見ますと、今日の話題の光交付金、いわゆる一括交付金ですね、ここには地域自主戦略交付金の拡充ということが謳われています。この中に具体的に図書館と出てくることはないようですが、社会資本整備総合交付金、あるいは循環型社会形成推進交付金。こうした領域に図書館も大いに関わっていけるように私は思いますが、一括交付金、今回の光交付金だけではなくて、今後図書館が使えるような交付金の見通しというのは、審議官はいかがお考えでしょうか。

【武居】交付金と地方財政における地方交付税は分けて考える必要があります。交付金は、先ほど片山先生の講演にもありましたように、政府の全体予算の中で、その時々の政策選択ではありますが、むしろ一過性のものとして考えられることが多いのでこれはちょっと分かりません。一方、地方財政対策は毎年度毎年度の事業について継続性も意識して措置されておりますので、来年度も積算の中に入れて要求しているところです。それから過疎地域についてですが、従来、過疎債は図書館関連には使えなかったのですが、地方からの要望も強く、図書館関係に過疎債が使えるようになり、さらにソフト事業も活用できるようになりました。図書館の内容、書籍類の充実にも使えるようになりましたので、特に地域的にハンディのある自治体はこういったものもご活用いただけたら、大変うれしく思います。

【糸賀】いま武居審議官からありましたように、過疎債ですね。これで図書館を今建設する予定のところが全国でもかなりあります。二週間ほど前、私は北海道の雄武町という人口五千人弱の町に参りましたが、ここは今言われた過疎債で図書館をつくろうとされています。それから同じ北海道の斜里町、世界遺産の知床で有名なあの斜里町も全く同じですね。この過疎債を使って新しい図書館を建設しようとしていました。こういうような国の一定の手当てもあるわけです。こうした情報をきちんとつかんで、図書館振興に是非お役立ていただきたいと思います。

さて、上月審議官、図書館振興という意味では、本家の文部科学省としては、この図書館振興、あるいはそのための財源確保、どのようになっていますでしょうか。

2　ヒューマンキャピタルとソーシャルキャピタル

【上月】文部科学省生涯学習政策局の上月です。図書館等の社会教育施設に関係する法律制度として、いわゆる生涯学習推進法、社会教育法、図書館法、博物館法がありますが、これらの法律によって、いままでお話があったような何かを許可したり、お金を配分できるということではありません。

片山先生のお話を伺って思いましたのは、結局、人に資するところが非常に大きいということです。図書館の方は普段、かなり苦しい生活をしているといいますか、余り余裕のない状態の中でいろいろな工夫をされています。そこにお金が行くと、とても適切に使われるということが今回の特別交付金で見られた現象で、そういった意味で非常によかったと思います。こういう言い方はあまり良くないですが、私個人的には、お金があまり付き過ぎると、却っていろいろな人の知恵や、人とのつながりといったものを失わせることも一方で出てくるのでないかと思います。基本的な財源については、総務省の審議官がおっしゃったように、地方交付税として適切に配布されて、自治体で適切に判断をしてやっていくべきだと思っております。

ご承知の通り社会教育、図書館に関連する公的な費用は少しずつ減ってきています。社会教育施設の中では、図書館は比較的維持できているほうですが、館数が増えていますので一館ごとの予算はむしろ減り気味だということと、職員が非常勤化しているということも課題として認識しております。特に職員、スタッフのあり方については、重要と考えています。皆さん方の中でソーシャルキャピタルという言葉を聞いたことがある方もいらっしゃると思います。日本語にしますと社会関係資産といいます。教育というのはヒューマンキャピタル（人的資本）を豊かにしていくことと言われますが、ヒューマンキャピタルとソーシャルキャピタルを豊かにしていくことが教育の世界だと考えております。そういった中ではやはり、これはもう片山先生のお考えと一緒ですけど、ハードが全くないと困りますが、一定程度あればあとは、人間の知恵とか関係性の中でつくっていくものがとても大きいわけです。特にＩＣＴ（情報通信技術）が積極的に活用されるようになって、人を大事にする行政、人と人との関係を大事にする行政が本当に大切なのかな、というふうに思います。

【糸賀】今、上月審議官からソーシャルキャピタルという言葉が出ましたね、要するにこれは人材を育てて地域にそういった一定のキャピタル、資本をつくっていく。その人たちが今度は地域の中で動いていけば、住民の間である程度、例えば介護の問題、子どもたちの安全、安心な町づくりというようなことができていくということだろうと思います。そうした人材を育てていく上で、私は図書館の利用者は、実は潜在的なソーシャルキャピタルの可能性、そういうものを秘めた人たちが図書館の利用者だろうと思います。今、上月審議官が言われたソーシャルキャピタル、あるいは新しい公共ですね、そうしたものの考え方と図書館活動の接点のようなものは、上月審議官の中で、少しおぼろげではあっても見えているんでしょうか。そこの結びつきはすごく重要だと思いますがいかがでしょうか。

【上月】人が成長するうえで、知・徳・体の基盤をつくるのが義務教育での基本的なミッションと考えていますが、図書館というのは、地域に生活する様々な人に知的な基盤を充実していく上での基本的なリソースを用意するところであるというふうに、私は捉えています。時代、地域の状況等によって提供の仕方も変わってきて、とても本が珍しいときは本を置くだけで苦労しなくても利用者が来たのだと思いますが、いろいろな状況の中で、提供の仕方が変わってきている。いずれにしても、地域社会における、知の基盤のネットワークの基本的なハブが図書館であるというような認識をしています。

【糸賀】図書館もかなりソーシャルキャピタルの形成にとって大きな役割を果たしますし、読書を通じて地域のために考えて行動する人材が生まれていくのだろうと思います。

さて、永利館長は、地方の行財政の在り方、特に生涯学習とか社会教育関係について、図書館をあずかる立場からどうご覧になっていますでしょうか。あるいは図書館に対する、国からの支援についてのご意見やご注文も是非承りたいと思います。よろしくお願いいたします。

3　地方交付税——福岡県小郡市を例に

【永利】小郡市立図書館の永利です。日本図書館協会理事も務めておりますので、両方からお話をしたいと思います。

まず地方自治との関係ですが、私は財政畑を全然経験したことがないので、財政課長に、私がこのフォーラムで話す内容で抜けているところはないだろうかと話しましたら、『地方交付税のあらまし』（地方財政調査研究会編）という冊子をくれて、地方交付税というのはこういうことだということをきちっと言ってくれと言われました。この冊子には「地方交付税は、国が地方に代わって徴収する地方税、固有財源である。だから本来は、地方自治体が持っておくべき固有の財源であるということ。昭和二九年に、自治体間の財政の不均衡を調整し、どの地域に住む国民にも一定の行政サービスを提供できるよう財源を保障するためのものとしてつくられた。」とあります。地方分権とか地域主権といったことが言われる中で権限だけ今はどんどん下ろされてきていますが、それに基となる財源がないというのが一番困る、地方自治の自主性とか自立性、自己決定して自己責任を確立しなさいというふうに言われていますが、責任を持ってそれができる財源がないというのが現状です。

もう一つ大きな問題は、少子高齢化社会の到来です。小郡市の場合もここ四〇年ばかりの間で、人口は二倍に増えていますけれども、高齢化率もやはり倍以上に増えて二〇％を超しました。なおかつ、働くべき世代の人口は減っています。当然働き手が減って税収が減る一方で、高齢者が増えて医療費や介護費、生活保護にかかる予算がどんどん増える、これが地方自治体の実状です。ですから行財政改革の中で人を減らしていますが、そうすると、市役所の中で人がいないために補助金制度や助成制度とか、緊急雇用といったあらたな制度を担当する者がいないために手を上げられず、申請できずに予算が使えません。非常勤の職員がいて頭数はいるけれども、行財政を担う職員がいなくなっているという地方自治の危機が、現在あるように思います。

既に、来年度予算の査定が入っていますが、来年度の予算編成方針の中で書かれている特徴的なことを申しあげますと、税収の確保、受益者負担の適正化等財源の確保。事務事業全般の検証、無駄な事務事業、経費の排除。それから国、県の動向を注視するとともに、事務事業評価の結果を活用する等、歳出全面の見直しをゼロベースで行い、無駄の排除や事業の取捨選択を徹底して行うことで、簡素化、合理化、効率化に努め、歳入に見合った予算規模とすることとあります。私も管理職ですので予算要求をするのですが、前年度と同じような要求しかせざるを得ないというのが今の地方自治体の状況であります。

【糸賀】ありがとうございました。実際に自治体では、今、職員の非正規化が進んでいて、やりたい政策があってもなかなか職員がいない。そういうことがありまして、十分な仕事ができないという苦しい実態の一部をお話しいただきました。

さて、片山先生、今も地方交付税の話で、それがなかなか実際には、交付金とは違いますからね、先ほど、武居審議官が言われたように、交付金と交付税とは違うんだと。で、交付税になってしまうと一般財源化して、なかなか当初の趣旨のとおり使えないという意見がございます。ちょうど同じような質問が、この会場からも寄せられておりまして、それについてちょっとお答えなり、補足の説明をしていただきたいと思います。

その質問といいますのは、やはり光交付金として二〇〇〇万、図書購入費が充当されたけれども、その分、予算から減額されてしまった。先ほど片山先生が言われた一つの悪しき事例です。それから私も、第一部の冒頭で、そうやって予算が削減されたところが四六％ぐらいですかね、半分近いところが削減。その一方で、でも四〇数％は前年度よりも増えているという自治体も実はあります。その両方があります。ただ、この質問をされた方の自治体では、翌年度もそのまま二〇〇万円減となってしまい、元に戻っていない。だから交付金によって逆に、全体としては減になってしまった事例だということです。減額分を予算時に要求してもよいと思いますかと。それから、この自治体に図書館分として充当されている額がどれぐらいか、これが簡単に分かるような方法はありますかというご質問です。この地方交付税あるいは交付金の仕組みを踏まえた上で、こういった減額された場合の対応について、いかがお考えでしょうか。

【片山】地方交付税というのは、先ほどお話もありましたけれども、地方税の代替物、地方税の身代わりということになっているのですね。本来ならば地方税の税収で、自治体の財政運用をするというのが基本ですけれども、税が足りないところも多いですから、そういうところに、国が国税として取って、それを税の足りないところに補っていくという仕組みです。そうすると、税と同じですから、使い道については国がとやかく言うことにはなっていないわけです。自治体が税を使うのは、どこに使うか自由です。同じように交付税も、どこに使うか自由です。ただ、それぞれの自治体にどれほど配ったらいいかということが重要ですから、通常は客観的な基準を設けて積算します。当然、公共図書館、学校図書館にこれぐらい使われますねということもその中には含まれてくるわけです。

ですから厳密に言うと、本当に完全な、正確な数字を出そうと思ったらなかなか難しいですが、大体概略、自分の市には図書館の経費としてこれぐらいは地方交付税でちゃんと財源が用意されているというのは、その自治体の財政当局には分かりますからそこに聞けば、分かります。もし教えてもらえなかったら、情報公開請求をしたらいいと思います。また、市町村の場合ですと、県の市町村課に聞いても、ちょっと時間がかかるかもしれませんが、たぶん教えてくれると思います。

目安として、これぐらいの金額が自分のところの図書館の財源として、元々想定されているんだなということは、把握されるのがいいと思います。それを、図書館の関係者や関係部局は当然要求されたらいいのです。先ほど言った地方交付税は、使い道が決まっていないというのは、最終的な仕上がりとして予算をどこに使うかというのは自由ですけれども、それぞれの図書館や教育関係者、福祉の関係者は、自分の担当する部門には、これが標準的な経費として国が見積もっているのではないか、だったらそれぐらいは付けてください、というような要求は自由ですから、当然されたらいいですね。最初から、遠慮されるところもあるかもしれませんが、うちは教育重視なんだからということで、もっと出してくださいと要求をしてもいいんです。それを最終的に仕上げるのは、自治体の長であり議会ですから、最終的にどうなるかは分かりませんが。

そのときに、住民の皆さんが選んだトップがどう動くか、責任の一端は住民の皆さんにあります。

地方自治というのは、いい人を選べば良くなるし、悪い人を選べば悪くなる。自業自得です。自分たちで、教育や図書館に暗い人を選んでおいて、うちは駄目だ、うちは駄目だと言うのは、天に唾をするようなものです。もちろん、皆さん方だけで選んでいるわけではありませんから、歯ぎしりをされているかもしれませんけれども、できるだけみんなでいい人を選ぼうということだと思います。

【糸賀】そうしますと片山先生、いま質問された方は、図書館にお勤めの方だと思うんですけれども、一般の住民の方が、自分の町、自分の市に、どれぐらい図書館として地方交付税措置されているのかということを、まさに情報公開制度のようなものを使って知ることもできるわけですね。今後、市民の方が、だったらもっとちゃんと資料費を付けてほしいとか、職員を置いてほしいというふうなことを要求することも考えられますか。

【片山】考えられますね、それは。繰り返しになりますが、これだけ積算されているからといって、それをすべて予算化しなければならないということではないのです。その積算よりもっと増やしてもいいし、減らしてもいいのです。それを国はとやかく言いません、あとは自治体で決めてください、ということです。ですから住民の皆さんが、交付税の積算ってどうなっているのだろうか、うちの自治体はどういうふうな積算になっているのだろうかということを知りたいのは当然でしょうから、それを情報公開請求されるというのは一つのやり方だろうと思います。

自治体当局には嫌がられるでしょうね、たぶん。それが分かってしまうと、地方交付税の積算とは違うところに相当持って行っているということもわかってしまいますから。だから嫌がりますね。けれどもそれは自治体の内部にいる人の都合であって、市民の皆さんとしては、やっぱりそれを情報として知る権利はありますから、要求されたらいいと思います。ただ、正直なところ、小さな自治体であまり財政当局がちゃんとしてないところは、うち、さっぱり分かりませんと、計算したこともないというところもたぶんあると思います。そういう自治体にはもう少し勉強してもらわなきゃいけないですね。

【糸賀】ありがとうございました。武居審議官に伺いますが、今も交付税の話が出ました。先ほど第1部で、特別交付税というものがどういう点で普通交付税と違うのかということを、お話いただきましたが、特別交付税の仕組み等補足説明をお願いしたいと思います。

4　特別交付税の仕組み

【武居】特別交付税というのは、その年度に特別な財政需要が発生したときに、例えば、災害等が典型ですが、特別交付税の対象となる事業について、使った事業費をきちんと積算してそれをちゃんと出していただければ、当該年度に一定のルールで措置されます。今年度使ったものについては今年度出されるわけです。

【糸賀】使った分について、その年度内に地方交付税として出てくるということですから、それはもう積極的に、さっきの知の蓄積とかで図書館でお使いになればいい。実際としては、使った分がちゃんと国のほうから交付されるということですから、これは首長さんとしても安心して、図書館なら図書館、あるいは博物館というところにも使えるのだろうと思います。

さて、皆さんから質問を寄せていただきましたが、ご意見として、どう使ったかという使い道の話はもうよいと。むしろ、これからお金を取りに行くにはどうしたらいいのかというようなご質問が数件あります。このあたりを、パネル討論の次のテーマとして取り上げていきたいと思います。今回の光交付金は、名前の上ではもう再三出てまいりますが「知の地域づくり」です。つまり図書館のための予算とか読書振興というような、従来の図書館活動の枠だけではなくて、もっと広く、知の地域づくり、そして地域活性化というような趣旨で出されています。その一環で、図書館の資料購入、施設修繕といったことにも使えるということでした。したがって、これから図書館が予算を取っていこうとしたときに、今の知の地域づくりというようなもっと広い視点が欠かせないように思います。

この「知の地域づくり」につきましては、元々は片山先生が鳥取県の知事時代におやりになった鳥取自立塾、全国の知事さんや首長さん、市長さんも鳥取に招いて、その中にちゃんと図書館の分科会があって、知の地域づくりということをおやりになっています。実は、今回の「光を注ぐ交付金」のルーツになるのではないかと思いますので、是非片山先生に、この知の地域づくりの趣旨、視点、その中に図書館をどう位置づけようと思われたのか、ご説明いただきたいと思います。

5　知の地域づくり

【片山】私が鳥取県の知事をやっておりましたときに、鳥取県という地域をこれからどういうふうにしていくかということを真剣に考えました。そのときの鳥取県という地域のウィークポイントがいくつかありまして、一つは、先程言いましたが、雇用を公共事業に頼る面が強いという傾向がありました。公共事業は、あまり効果がない、非常に費用対効果が悪いにもかかわらず、ということです。もっと違った分野で雇用を生むような政策に切り替えなくてはいけない。知的な分野でもっと雇用を生み出そうということです。

例えば、知的財産権を生む、それは試験研究機関であったり地元の国立大学の研究者であったりするわけですね。こうしたところにもっと光を当てようというのが一つです。もう一つは、経済構造がどうしても下請けになっている。大企業から下請けをして、安い工賃で作ったものを買い取ってもらう、働いてもあまり実入りが多くないということです。ではその構造を、急には変えられませんが徐々に変えて、下請けではなくてオリジナルなものを目指そうではないか。例えば、鳥取県ではアパレル産業が盛んですが、女性の高級下着で、末端価格一万五千円ぐらいの製品を作った会社に、八〇〇円程度しか入らない。あとは他のところが取ってしまう。デザイン力や企画力がないからです。だったらデザイン力を付けよう、商品企画力を付けよう、販売宣伝力を付けよう。こうしたことをやって、ブランド化ができるようにしようねということも知の地域づくりです。

県庁もそうです。各省が全部政策を考えて、それをもらい受けて咀嚼をして市町村に下ろしていく。こういうところを変えようと考えました。自分たちの地域に課題があるのだから課題を自分たちで捉えて、それを政策化してやれることは全部やって、やれないことを国にお願いしようじゃないかという、それも知の地域づくりなのです。このときに重要なのが、人間、人材、やはり人間の考える力です。考える力をつけるのは、教育だし、社会人になったら本や資料や情報、それを統合化して、自分の中で総合化して新しい知識や考え方を生み出す。そういう人材をたくさん作りましょうということですね。

例えばどんなことをしたかというと、県庁に図書室をつくりました。それまで政策をつくるのにどこから資料を集めるのかと尋ねたら、霞が関の各省からもらっていますと言う。それは結局は下請けですから、これからは自分たちで考えるようにしましょう。そこで県庁舎の中に小さな図書室をつくって、そこに優秀な司書を県立図書館から出向してもらいました。それで県庁職員、知事も含めて、県庁職員のレファレンスをやってもらって、そのレファレンスで集めた資料をもとに政策を考えるとか、そういうことから始めたのです。他の様々な分野でも、とにかく自前で情報や資料を収集して自分たちで考えていく、ということに努めました。

また、鳥取大学の人たちと連携して、大学でもっと研究がスムースにいくように、しかも地域の課題を研究材料にして、そこから学者たちがメジャーな存在になっていくように、というようなこともやりました。

さらに、たまたま知事が塾長で鳥取自立塾を毎年一回、主として地方議員の研修の場としてやっていて、最初は県内の市町村議会議員さん方の研修でしたが、評判がよくて県外からの参加者のほうが圧倒的に多くなって、そのうち八〇〇人ぐらい来られるようになりました。報告書にもまとめましたが、自立するためには、産業分野の自立も必要だし、教育、図書館も重要ですので、図書館の分科会を設けてその中で図書館の在り方についても取り上げていました。

知事を辞めて、大学にお世話になっていろいろなところで話をしたり、文科省関連でも子どもの読書環境、学校図書館の支援をするようなサポーターズ会議の座長という立場でまたそういう考え方を少し広めたりしていました。だんだん最近、知の地域づくりということが理解されるようになってきたようで、言い出しっぺとしては嬉しいなと思っています。

【糸賀】この平成一八年に鳥取自立塾として行われたときの報告書には、我孫子の市長さんや恵庭の市長さんが分科会を主催されていまして、その中に鳥取県立図書館の当時の野川館長もおやりになっています。この知の地域づくりは、先ほど上月審議官が言われたソーシャルキャピタルというところにつながっていくのだろうと思います。こうしたところを実践されてきたのが小郡の永利館長です。館長に是非、予算と図書館、あるいは小郡市での知の地域づくりの取り組みについて、スライドを交えてご報告をお願いします。それを見た上で、上月審議官や武居審議官にご感想をお聞かせいただきます。それでは永利館長、お願いいたします。

6　自治体予算と図書館

小郡市立図書館

【永利】自治体予算と図書館ということでお話をします。小郡市のことを少し紹介させていただきます。小郡市の隣が佐賀県で、鳥栖市《とすし》、基山町《きやまちょう》、久留米市と一緒になって、三市一町で県域を超えた取り組みをやっています。福岡県内では一五番目の都市、人口規模六万弱で、市制四〇周年を迎えています。財政規模は一七〇億円ぐらいです。詩人野田宇太郎の生誕の地で、これは野田宇太郎文学資料館です。小郡市立図書館の運営方針は「ひらかれた図書館――親しみやすく、入りやすく、いこいとやすらぎのある図書館」です。図書館としては、すべての市民のニーズに応えて出生前の妊産婦の方から高齢者までの支援、生涯学習を推進しています。それから地域の情報拠点として、企業、就業支援、幼稚園から小学校・中学校・高校・専門学校まで学校教育の支援をしています。

小郡市立図書館は開館から二五年も経ちました。ちょうど九州新幹線が開通したときに久留米市と鳥栖市に新幹線の駅ができましたので、三市一町図書館協力事業として共同企画展示を行いました。ブックポストを利用しながら、学校への巡回や介護を受けている高齢者の方への宅配サービスを行っています。小郡市立図書館は、指定管理者制度を一度導入しましたが、学校図書館や他の部署との連携をする際、行政の二重構造を帯びてしまうということで直営に戻しました。職員は一五名で、正規職員が三名、嘱託職員が一二名、うち司書は一三名で、係長と移動図書館車の運転手以外は全員司書の資格を持っています。住民生活に光をそそぐ交付金は一八〇〇万ほど使いました。

図書館のサービスは、地域・家庭に対するサービス、幼稚園・保育所に対するサービス、学校に対するサービスを行っています。学校に対するサービスでは、小郡市立図書館は、学校の蔵書もサーバー一台で一元管理しています。市立図書館の中に学校図書館支援センターを置いていますが、学校図書館支援センターは教務課の所管です。特徴としましては、平成一四年から県立高校二校と私立の専門学校一校を含む地域の知の拠点として一貫したサービスをしております。

財政のことをもうちょっとお話をしますが、地方交付税は平成二五年度の概算要求段階で対前年度比一・五％の減が打ち出されていて、地方交付税は総額で減る見込みです。あとはそれぞれの市町村で、手を挙げて多くもらえるように頑張るしかないと思います。

平安正知小郡市長はマニフェストに、役に立つ図書館づくり、読書活動の充実と支援という項目をうたっています。そこに「読書のまちづくり日本一」ということを掲げました。平成二一年四月の市長選挙を通りまして、平成二三年四月にできました小郡市総合振興計画の生涯学習の項目には、6「図書館機能の充実」、7「読書環境の整備・充実」を設けて、「読書のまちづくり日本一」を目指してという言葉を入れています。基本構想は平成三二年度までで、基本計画は前期と後期に分かれ、実施計画は三年ごとのローリングとなっています。ここに二五年度から二七年度の実施計画を資料として抜粋していますが、ここにない大規模事業は、来年度予算要求をしても認められないようになっています。

小郡市も行政評価システムを取り入れています。政策的な事業が実施計画に載っている分で、市長等が決める施策、それから一般事務の事業、それぞれが評価されて来年度予算に反映されるということになります。

第五次小郡市総合振興計画の読書に関する部分を具現化して実行するのが第二次小郡市子ども読書活動推進計画です。子ども読書活動推進計画は、国が、五〇％以上の自治体でつくりましょうとうたっていますので、ほとんどの自治体でつくられていくと思います。しかし、子ども読書活動推進計画は総合振興計画と連動しながらつくられていないと何も意味がないというふうになります。

自治体の予算スケジュール

自治体の予算スケジュールですが、行政評価の中で洗い出しをしながらヒアリングをして、最終的に市長がこれはいいとか、事業を廃止するというように決めますが廃止するというのはほとんどなく、現状維持が六割以上です。あとは改善・効率化等ですが、そうした中できちっと評価されたものが、次の予算編成で活かされます。予算編成は、一〇月一日に予算方針が出され、それに基づき要求した予算の査定がこの間終わりました。あとは市長査定を経て市議会に出されますが、二月から三月にかけて市議会で議決を経たものが次年度の四月から執行されるという形になります。

ところが文部科学省等の予算の概要が説明されるのが、八月から九月。例年は一二月に政府予算が確定します。その予算が分かって動くとなると、もう地方自治体の予算は締め切られた時期ですから、次年度予算には間に合いません。では、六月の補正予算に通っても七月からの施行。九月の補正予算に通ったら一〇月の施行になりますので、二月までの大へん短い期間に成果を出さなくてはならず、国の事業を待って何かやるというのは難しくなります。最近では、文部科学省から地方交付税措置で、学校に司書を置く予算、学校図書館整備費が措置されたというチラシが平成二四年

表5-1　自治体の予算編成のスケジュール

予算編成等のスケジュール

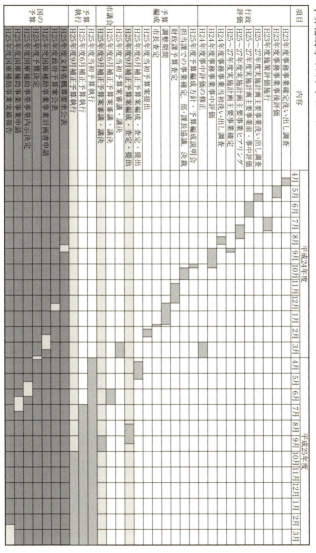

項目	内容	平成24年度												平成25年度											
		4月	5月	6月	7月	8月	9月	10月	11月	12月	1月	2月	3月	4月	5月	6月	7月	8月	9月	10月	11月	12月	1月	2月	3月
行政評価	H23年度事務事業確定洗い出し調査																								
	H23年度事務事業事後評価																								
	H23年度施策評価施行																								
	H25～27年度実施計画主要事業洗い出し調査																								
	H25～27年度実施計画主要事業前・事中評価																								
	H25～27年度実施計画主要事業ヒアリング																								
	H25～27年度実施計画主要事業確定																								
	H24年度事務事業当初洗い出し調査																								
	H24年度事務事業事中評価																								
	H24年度事中評価の修正																								
予算編成	H25年度予算編成方針・予算編成説明会																								
	担当課での事業確定，部・課長協議，決裁																								
	財政課予算査定																								
	調整期間																								
	市長査定																								
	H25年度当初予算案提出																								
	H25年度6月補正予算案編成・査定・提出																								
	H25年度9月補正予算案編成・査定・提出																								
市議会	H25年度当初予算案審議・議決																								
	H25年度6月補正予算案審議・議決																								
	H25年度9月補正予算案審議・議決																								
予算執行	H25年度当初予算執行																								
	H25年度6月補正予算執行																								
	H25年度9月補正予算執行																								
国の予算	H25年度文科省概算要求公表																								
	H25年度政府予算案公表																								
	H25年度国庫補助事業事業計画書申請																								
	H25年度予算決定																								
	H25年度国庫補助事業事業内示決定																								
	H25年度国庫補助事業事業申請																								
	H25年度国庫補助事業実績報告																								

四月一日に出ています。図書館ではなく義務教育担当課に回っていましたが、平成二四年度予算ですので、年度途中から人を付けるといった対応が難しかったのではないでしょうか。

予算と図書館長の立ち位置

最後に、予算と図書館長の立ち位置です。市長の方針を政策として立案するのが我々図書館長の役目ですし、予算編成権は行政が持っている最大の権限です。教育機関としての責務についてはよく片山善博先生が言われているところです。

厚生労働省の補助事業に「子どもの健全育成支援事業」があります。子どもの貧困の連鎖解消にむけた取り組みの充実・強化ですが、生活保護受給者の多くの子どもが大人になっても、また新たな生活保護を受けるという負の連鎖があるというような状況から、中高生に対する学力の向上を行っていく事業です。ですから、学力の向上はもはや文部科学省とか教育委員会の仕事ではなく、国全体の仕事になっているということを、皆さん方にご理解いただければと思います。

【糸賀】知の地域づくりに限らずいろいろな総合計画、市の総合計画とすり合わせながら、図書館の仕事をされているというご報告でした。上月審議官、いかがでしょうかね。今も国の財源は、実際には地方自治体にとってなかなか使いにくい面もある。来年度予算を編成していく中で、国の決定が遅い。いろいろと国の足並みと地方自治体の足並みが、必ずしも揃っていないのではないかということですので、自治体にとって、もう少し使いやすい国からの支援というものを是非お考えいただきたいと思います。今の小郡での取り組み、あるいは永利館長の報告について、何かコメントがございましたらお願いしたいと思います。

7　知の基本的財産の拠点——図書館と予算

【上月】私としては、図書館等の社会教育施設を地域社会の基礎体力の拠点というような捉え方をしています。うまく機能しているところと、機能していないところで大きな差があります。機能すると、福祉関係予算も少なくて済む場合がございます。例えば、認知症が少ないですとか、健康寿命が長いとか。超少子高齢化社会が現在進行中ですが、そこにおける基礎体力のレベルアップを目的とした、図書館を含む社会教育施設のネットワーク機能を実現するための予算要求を財務省に提出しています。大変厳しい財政状況でありますが、私どもとしては四億円の予算要求についてかなり気合いを入れてやっています。

先ほど丹野社会教育課長補佐が言いましたが、三年計画の予算事業を考えており、現在取り組んでいることをちょっと応援するよりも、それなりにイノベーションをしてもらいたいという思いでいます。それからもう少し大きな話ですが、ご存知の通り財源というのはどこも苦しい状況です。

国でも約九〇兆の予算のうち、税収が約四〇兆。その他、借金です。社会保障費が毎年一兆円ずつ増えていって、これがかなりの割合を占めています。それから国債の償還です。税金でも賄えない状態になっているということについて認識しておく必要があります。

図書館というのは、知の基本的財産の拠点であることは間違いないわけです。そのために、次の時代にどうやったら寄与できるか。さきほども申しあげたように関係者のネットワークをつなぐ、つながった後にどうやって機能させ、子ども、大人の学力、知力を向上させるか。皆さんを含むいろんな関係者が連携、協働していく中で進めていく時代に入ったかなと思っています。そのような状況の中で、生涯学習政策局の新たな取り組みとしては先ほど申しあげた予算要求をしているということでございます。

【糸賀】今、最後に言われたのは社会教育活性化支援プログラムのことだと思いますが、これは図書館に対していくらというように決まっているわけではないですよね。総額であって、あとは、極端な話、社会教育施設の中での取り合い合戦、こういうことでしょうか。

【上月】やりようです。

【糸賀】そうしますと図書館としては、全体の趣旨に合った事業展開を考えていくということが求められているわけで、従来の定型的な図書館業務、サービスだけではやはりいけないのだろうと思います。知の地域づくりでもいいでしょう、あるいはソーシャルキャピタルの形成、地域の課題解決につながるような新しい図書館サービスを展開していくことで、そういう国の委嘱事業を受けやすくなるということだと思います。

総務省の武居審議官、いかがでしょうか。総務省の場合には知の地域づくりに戻ってくるのだろうと思います。この知の地域づくりに対する図書館の貢献につきまして、今日の皆さんのお話を聞いていて武居審議官はどのように感じられましたか。

【武居】 私は、平成一七年から四年間、福岡県に副知事として赴任していましたので、先ほどの小郡市の平安市長さんとも親しくお会いする機会がありました。図書館の予算は毎年度毎年度の話をしていますが、地域づくりやまちづくりというのは五年、一〇年、特に今のようにいろんな課題があると時間がすごくかかります。継続は力で、地道な努力を長い期間していかなくてはいけない。市町村長さんやまちづくりの皆さんともよくお話しをするのですが、やはり単年度で一千万円付くよりも、例え一〇〇万円でも五年とか一定期間もらえるほうが有難いという事業がたくさんありまず。「あとは自分たちが手弁当で、ＮＰＯの人とかボランティアの人と協力し合いながらやるので、その事業が大事だよという印がほしい」というようなことを言われたりします。そういう意味では、図書館も、箱ものとしての図書館の施設に留まっているよりも、もっとまちづくりの中で、例えば五年後、一〇年後のそのまちの姿を思い描いたときに、図書館がその中で燦然と輝いて、そこに集う人がいっぱいいて、図書館関係者も外に飛び出していく、文化施設のアウトリーチのイメージですが、将来の姿を是非考えていただきたいと思います。

かつて岩手県に五年ほど赴任していたことがありまして、私の知人の中にも平成二三年三月の震災被害に遭われた方々がたくさんいるので、時々岩手に行きます。先般、かつて私も整備に関わりました図書館等が入った複合施設「いわて県民情報交流センター（アイーナ）」を訪れ、図書館の皆さんとお話する機会がありました。その資料をあらためて見ておりましたら、震災前の平成二二年度とその後の二三年度の貸出図書区分別内訳で、貸出件数が、自然や技術の分野、あるいは絵本や郷土の分野、宮沢賢治関連、こういった分野で増えていることに気付きました。宮沢賢治は、冷害で非常に厳しいときに、農民を励ますために教師を辞めて、ああいう道に進みます。今回の震災でも、心の拠り所がほしいときに図書館に行って救われている人がたくさんいるのではないか、そんな思いを持ちました。沿岸部の図書館も相当被害に遭いましたので、県立図書館とのネットワークでまさにかけがえのない役割を果たしているように思います。災害に限らず、心の拠り所、生きる力を与えてもらえる場所、そういうことにも目を向けていきたいものだと思いました。

私どもの力を入れている政策の中に、お金ではなく、ハンディのある地域を「人」でサポートする事業があります。全国いろんな地域に「地域おこし協力隊」の隊員の皆さんが都会から移住し、地域や集落を元気にするお手伝いをしています。その中には、図書館を中心に活動したり、読書スペースを地域の身近につくり、活動している隊員もいます。地域おこし協力隊はホームページでも紹介しておりますが、やはり「人」が大事だと思いますので、人の輪をさらに広げていただきたいと思います。

【糸賀】ただいまのお話しを伺いますと、総務省も、ずいぶん図書館に対する期待あるいは理解というものが高まっている、これは決して文科省さんだけではなくて、国をあげてこれからの地域づくり、あるいは震災復興についても、図書館が一定の役割を果たし得るということを、会場の皆さんも実感していただけたのではないでしょうか。

それでは最後に、パネリストの四人の方にひと言ずつ、締めくくりの言葉をいただいて、このパネル討論を終わりたいと思いますけれども、まずは永利館長、これから図書館としてお金を取りに行く。単に上から降ってくるのを待つだけではなくて、前向きの姿勢で行くための秘訣のようなものを伺えればと思います。いかがでしょうか。

【永利】レジメの中に入れています「図書館で使えそうな補助事業・助成事業」（表5-2）の中身を一つ一つ説明するのはなかなか難しいですが、様々な補助があり、国、県、民間の団体からも助成が受けられるような仕組みになっています。一つだけ例を申しあげますと、小郡市では、「ものがたりレシピをいただきます」という事業を子ども読書の日四月二三日に行っていますが、これは消費者庁の予算です。消費生活の関係で予算をいただいた分を充当していますが、三つの視点で行いました。学校給食課とコラボしてメニューに、『11ぴきのねことあほうどり』（馬場のぼる作）で出てくる、コロッケを全小中学校の給食に入れました。モデル校での絵本の読み聞かせはお父さんにしてもらいました。つまり食育の視点、男女共同参画の視点、それから読書の視点です。要は、何かやるときははっきりとした目的を持って予算を取るということが必要だと思います。具体的に行政の課題、今ある課題と結びつけること、そして図書館は何ができるかということを考えると、自ずと予算も獲得できるようになりますし、そういった視点でいつも、図書館職員は考えるということが必要ではないかと思います。

【糸賀】図書館で使えそうな事業ということで、お手元の資料ご活用ください。上月審議官、いかがでしょうか。図書館関係者に向けて自分でお金を取りに行く、予算を取りに行く。そういう姿勢はどうしたら、発想として生まれてくるのか。

【上月】今、正解のない時代と言われていますが、見方を変えればすごくいい時代に入っていると思うのです。みんなで勉強して考えて議論して、その場その場で答えをつくっていく、そういうことが必要とされているわけです。そうした意味で、図書館は基盤として大変大事ですし、いろい

表5-2　図書館で使えそうな補助事業・助成事業

図書館総合展フォーラム　　平成24(2012)年11月21日
地方財政と図書館－交付税の活用で図書館整備を－

図書館で使えそうな補助事業・助成事業

小郡市立図書館長　永利和則

1　総務省
1.1 住民生活に光をそそぐ交付金（2010年度補正予算350億円）
1.2 住民生活に光をそそぐ事業（2011～2013年度普通交付税措置350億円，2011～2013年度特別交付税措置），ア．社会的弱者等の自立支援，イ．知の蓄積等による地域づくり，ウ．ICT等を活用した地域のつながりづくり
1.3 新学校図書館図書整備5カ年計画（2012～2016年度，図書の整備：普通交付税措置200億円×5年=1,000億円，新聞の配備：普通交付税15億円×5年=75億円）
1.4 学校図書館担当職員（いわゆる「学校司書」）の配置（2012年度普通交付税措置約150億円）

2　文部科学省
2.1 社会教育による地域の教育力強化プロジェクト（2012年度82,044千円），「環境教育」，「人権教育」，「高齢者支援」，「学校と地域の総合的な活性化」，「地域における効果的なネットワーク化・人材養成手法の開発」のテーマに沿った取り組み
2.2 学びを通じた被災地の地域コミュニティ再生支援事業（2012年度1,082,006千円）
2.3 学校図書館の有効な活用方法に関する調査研究（2012年度44,233千円），確かな学力の育成に係る実践的調査研究の1メニューとして実施

3　厚生労働省
3.1 雇用創出の基金による事業（2008～2012年度ふるさと雇用再生特別基金事業・緊急雇用創出事業⇒教育・文化分野あり，2009～2012年度重点分野雇用創造事業⇒教育・文化分野なし），都道府県ごとに緊急雇用創出事業臨時特例基金を創設して対応，基本的に人件費で新規採用者の雇用経費が全体の1/2以上
3.2 子育て支援対策臨時特例交付金（安心こども基金）（2009～2012年児童虐待防止対策緊急強化事業⇒市町村の体制強化のための環境改善で備品購入費が対象，補助率は定額）

4　内閣府消費者庁
4.1 地方消費者行政活性化交付金（地方消費者行政活性化基金）（2008～2012年消費者行政活性化のための事業⇒2012年度5億円の上積み，消費者への情報提供・消費者教育が対象，都道府県当たり500万円・市町村当たり100万円を限度額）

5　独立行政法人国立青少年教育振興機構
5.1 子どもゆめ基金（2001～2013年子どもの読書活動助成⇒一般財団法人及び一般社団法人，NPO法人など青少年教育に関する事業を行う民間の団体が行う子どもを対象とする読書活動，子どもの読書活動の支援活動を対象，都道府県規模200万円・市区町村規模100万円を限度額）

6　財団法人自治総合センター
6.1 コミュニティ助成事業（1978～2012年宝くじの社会貢献広報事業の一環

⇒事業実施主体は市区町村，コミュニティ組織，広域連合，一部事務組合，指定管理者等（事業によって異なる），30万円～1,000万円（事業によって異なる），本年度助成金決定事例（児童文庫の図書用書架等：120万円，絵本作家による読み聞かせと講演会：80万円，図書巡回車等：520万円，移動図書館車：1,000万円，図書館開館10周年記念事業 180万円）

7　福岡県

7.1 個性ある地域づくり推進事業（地域づくり基金）(1989～2012年市町村が取り組む個性ある地域づくりを支援することを目的，企画事業，シンボル事業，モデルソフト事業等があり，補助金額は補助対象経費の3分の1以内，300万円～2,000万円（事業によって異なる）が限度）

7.2 福岡県人権・同和問題啓発事業費補助金（1994～2012年政令指定都市を除く市町村が対象，啓発冊子等の購入経費は対象，補助金額は補助対象経費の2分の3で予算の範囲以内）

7.3 福岡県読書推進大会（1969～2012年福岡県と市町村で共催，優良読書グループ表彰・講演会・読み聞かせ・シンポジウムの内容で開催，福岡県読書推進協議会等が14万円を負担，残りは市町村が負担）

8　図書館振興財団

8.1 振興助成事業（2009～2013年図書館事業の健全な発展を図り，もって国民の教育・文化の発展に寄与することを目的，対象事業：①電子図書館システム導入，②特定コレクション，③図書館職員の専門性向上，助成対象：①地方公共団体，②教育機関，③非営利団体，④個人，⑤財団が認めるもの，助成金の額：総額4,500万円，1件当たり1,000万円を限度）

ろな組み合わせでやっていくことが必要だと思います。それからもう一つは、リソースについては多元化を考えなくてはならないのかなということです。少なくとも公民館はそういう取り組みをやっていますし、学校もそういう取り組みをやりつつあります。皆さんの税金、消費税を出すのに大変苦労していますから、税金だけでいくのか、税金以外でそういう取り組みのリソースも考えるといったことがやはり必要な時代に入っているのかなと思います。

【糸賀】続きまして、総務省武居審議官、お願いします。

【武居】全国を回りまして、首長さんやいろんな方とお話すると、だいたい皆さんの願いというのは私自身の整理だと三点になります。一点は安心できること、二点目は能力を発揮できること、三点目は未来につながることです。安心できる、能力を発揮できるは、医療、福祉あるいは雇用面のバックアップも当然重要ですが、未来につながるに関係する教育も含め、どれにも関係するのが知の地域づくりであり、皆さん方、図書館関係者のお役目にも関わってまいります。それから視点を変えますと、私は地域づくりが新しい黄金時代を迎えているのではないかと感じています。これも三点ありますが、一つは、前例のない少子高齢化、人口減少社会のなかで課題が全国至るところにあります。過疎地域は課題先進地なのです。材料探しに事欠きません。二点目は、気持ち次第でいつでもどこでも誰でも取りかかれる。行政だけではなくてＮＰＯや民間、さらに大学ですね、外部の人材も活用し、いつでもどこでも誰でも地域づくりに取り組める。三点目は、お手本や先生にするモデルが、非常に簡単に探せる時代になりました。さらにこの分野は特許料がかかりません。そして、この中心のひとつに図書館があるのではないかと思います。「みんなが先生になれるし、みんなが生徒になれる」そのような時代だと思いますので、是非皆さん方と一緒になって、いい地域社会をつくっていきましょう。よろしくお願いします。

【糸賀】ありがとうございました。図書館関係者とは違う視点から図書館の役割を語っていただきました。大変心強いお言葉で、私もうれしく思います。最後に、片山先生から地方財政と図書館の関わりについて、図書館関係者へのメッセージをお願いいたします。

【片山】図書館というと、ともすれば従来の社会教育施設、社会教育の一貫、生涯学習の拠点ということで、これからもそうだとは思うのですが、広く地方自治という観点から考えてみたら、私は、社会教育とか生涯学習の中枢にとどまらず、自治体行政の拠点になり得る施設だと思います。財源をどうやって確保するかという面とも大いに関係するのですが。どういうことかと言いますと、日本の行政は縦割りになっていまして、いろいろな自治体の仕事をそれぞれ縦割りの系列の中で分断されたまま実施していることが多いですね。

例えば、赤ちゃんが産まれる親御さんを集めてマタニティ教室なんてやりますよね。これはたぶん福祉や子育て支援課といったところで施設をどこか借りて、人を集めて、指導員として保健所から保健師さんが来たりしてやるわけですけれども、私は図書館でやったらいいと思うのです。図書館に会議室があれば、の話ですが。是非図書館には、会議室やある程度の集会ができるような施設があってほしいと思います。そこに保健師さんがくる。そこにマタニティっていいますか、お母さん、お父さん予備軍が集まる。そこでいろいろお話をして指導する。そのときには図書館にある関連の読んでもらいたい本がたくさんあります。それをリストにして紹介するというのは、司書さんの仕事になります。そうすると一石二鳥です。図書館の活用と、これからお母さん、お父さんになる人たちに、もっと自分で知識を高めてくださいねということが簡単にできるわけです。

それから、放課後児童クラブ、学童保育等も図書館でやったらいいと思います。図書館はそんなに点々とはありませんから、例えば公民館の図書室を利用するということでもいいでしょう。本が好きな、読書習慣が身についている子は、図書館に行けば自分で勝手に本を読みます。そうでない子は、できるだけ本に馴染むように指導してあげたらいいと思うのです。そうすると、それが読書教育になるし、読書習慣を身につける教育の一環になるわけです。今は図書館ではやらずに、あちらこちらのスペースを借りてばらばらにやっている。そこには指導員を雇うわけです。これを図書館でやることになったら、図書館のスタッフとして雇ってもらえばいいわけです。司書資格を持った人に指導してもらえれば一石二鳥で、図書館の人的充実にもなる。予算も、今はわざわざ別のところに付けていますが、放課後児童クラブの予算を図書館の予算にしてしまえばいいわけです。

そういうふうに、いろんな分野で今、バラバラと縦割りでやっているもので、その参加者、関係者に是非本や情報を、自分で仕入れてもらいたいなというような分野がたくさんありますから、それらをできるだけ図書館に集約すればいいのではないか。北欧では実際にやっていて、まさにコミュニティの拠点になっているそうです。例えば、歯磨き指導とか、そういう衛生教育なんかも図書館でやっているところもある。子どもたちは歯磨き指導を受けて、歯磨きに関する本もいっぱいあるはずですから、これ、読もうねって言ってあげれば、読書意欲を喚起することにもなります。そういう工夫が必要ではないか。今はいろんな市役所とか県庁の中に部局があって、そこに細々といろんな事業の予算が付いていますが、それらを図書館に集約されたらいいのではないかなと思います。相当幅広い可能性があります。ただ、現状では非常勤の人が一人いるかいないかというような図書館だったら、こういう試みをやろうと言ってもこれは無理です。ですから、まずはある程度、図書館の司書さんたちを充実して、それで今、申し上げたような仕事をどんどん取り込んでいって、それに見合って、図書館の予算も人もさらに充実していくというふうになればいいなと思います。是非皆さんのところも、できることならばこうした総合化を、図書館を単に教育委員会の下部組織にとどまらせないで、福祉やいろいろな分野の総合化を図書館を通じてされたらいいと思います。

【糸賀】町の総合的な政策分野と図書館サービス、図書館業務をすり合わせていく、ということの必要性を私も感じておりました。是非、図書館で働く皆さんも、従来の図書館業務にとらわれることなく、もう少し広く、地域の中でのいろいろな活動に図書館や読書を取り込んでいくということをお考えいただければと思います。今日のパネル討論が、そういう方向性を見出していくための一筋の「光」となれば、今日の記念フォーラムを設けた趣旨も十分活かされることになります。

長時間にわたりまして、皆さん、お聞きいただきありがとうございました。なお、皆さんから寄せられた質問のごく一部にしかお答えすることができませんでした。この点については、この場を借りてお詫びさせていただきます。これでパネル討論を終わります。（拍手）

第六章　光交付金が図書館にもたらしたもの

糸賀　雅児

1　光交付金の概要

二〇一〇年十月八日に閣議決定された「円高・デフレ対応のための緊急総合経済対策〜新成長戦略実現に向けたステップ2〜」において、「地域活性化交付金」として約三五〇〇億円が補正予算に計上された。この交付金は、地域活性化、社会資本整備、中小企業対策等のために設けられたもので、大きく「きめ細やかな交付金」（二五〇〇億円）と、「住民生活に光をそそぐ交付金」（一〇〇〇億円）の二つから成っていた。以降、この「地域活性化交付金」の一部である「住民生活に光をそそぐ交付金」の通称として〝光交付金〟が用いられることになる。本章でも、以下ではこの表現を用いることとする。

光交付金の目的は、〝これまで住民生活にとって大事な分野でありながら、光が十分に当てられてこなかった分野（①地方消費者行政、②ＤＶ対策・自殺予防等の弱者対策・自立支援、③知の地域づくり）に対する地方の取組を支援する〟ことであり、交付金の使途が右の三分野に限定されている点で、従来の交付金とは異なっていた。光が十分に当てられてこなかった分野の一つである「知の地域づくり」について、光交付金を所管する内閣府地域活性化推進室は、交付対象事業の具体例を次のように想定していたことが確認できる(2)。

・図書館における司書の確保、図書の充実、図書館施設の改築・増築等による地域の知の拠点づくりに対する支援
・試験研究機関による研究開発に対する支援

また、当時の総務大臣（片山善博）も閣議後の会見において、地域の知的振興を担う施設として図書館を具体例として挙げ、光交付金活用に期待を寄せる発言をしている(3)。さらに、この会見を受けて、社団法人（当時、現在は公益社団法人）日本図書館協会はその活用内容を例示し、図書館の整備・振興の促進を呼びかけ、〝この資金活用による施策が、その後における自治体独自の施策としても継承される契機となることが望ましい〟(4)との見解を示した。そして最終的に、光交付金として計上された約一〇〇〇億円のうち、四割ほどに当たる約四〇〇億円が各地方公共団体の図書館整備や図書館関連事業に活用されることになる。

したがって、この交付金が図書館振興に向けてどのように活用されたのかを記録しておくことは、国による図書館政策と地方自治における図書館行政の関係をたどるうえで、きわめて重要な史料的価値をもつと考えられる。

2 光交付金と図書館予算の比較

光交付金が活用できたのは、二〇一〇年一〇月八日以降に補正予算を計上し、二〇一〇、一一年度に実施する事業を計画した地方公共団体である。その事業内容は前述のとおり、①地方消費者行政、②DV対策・自殺予防等の弱者対策・自立支援、③知の地域づくり、のいずれかに限定されており、地方単独事業と国庫補助事業の地方負担分のいずれにも交付が可能であった。また、事業内容はハード・ソフトを問わず、人件費等も交付対象となった。さらに、光交付金は二〇一〇年度当初予算ではなく、補正予算にて年度の後半に交付されたため、二〇一一年度に繰り越すことができたうえ、その一部を基金積立事業として二〇一一年度から一二年度にかけて使うことも可能とされた。(5)

これらのことを前提に、まず「図書館、図書館同種施設、学校図書館の充実」への約四〇〇億円という交付額を、近年の図書館関係の国家予算や、全国の公立図書館の資料費（予算額）と比較してみよう。

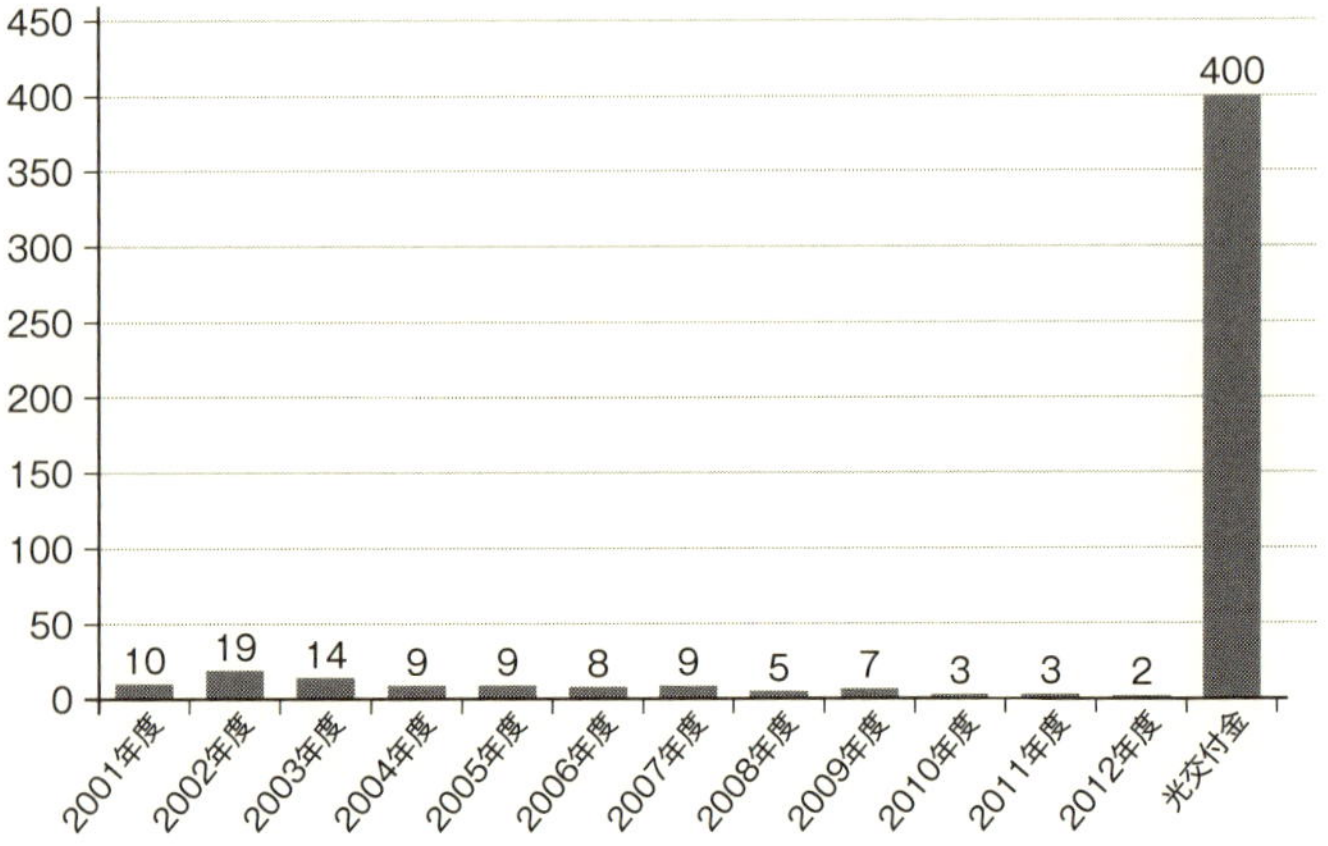

図6-1　過去12年間の文部科学省の図書館関係事業予算額の推移[13]
（単位：億円）

光交付金以前の一二年分の文部科学省による図書館関係事業の予算額の推移を図６‐１に示した。図の作成には、『図書館年鑑』（日本図書館協会）の二〇〇一年版から二〇一二年版の「図書館関係国家予算」の数字を用いた。図６‐１からわかる通り、予算額は減少傾向にあり、二〇一二年度は約二億円である。これは一二年間で最も多かった二〇〇二年度の約一八・五億円の一割程度に過ぎない。それに対して、光交付金約四〇〇億円は、予算額が多かった年度の二〇倍以上であり、光交付金の当該年度である二〇一二年度文科省予算の実に約二〇〇倍に当たる。

　次に、全国の公立図書館約三千館の資料費の年額と比較してみよう。図６‐２から光交付金の約四〇〇億円は全国の図書館資料費の総額を上回っていることがわかる。しかも、公立図書館の資料費は一九九八年度の三五〇億円をピークに減少傾

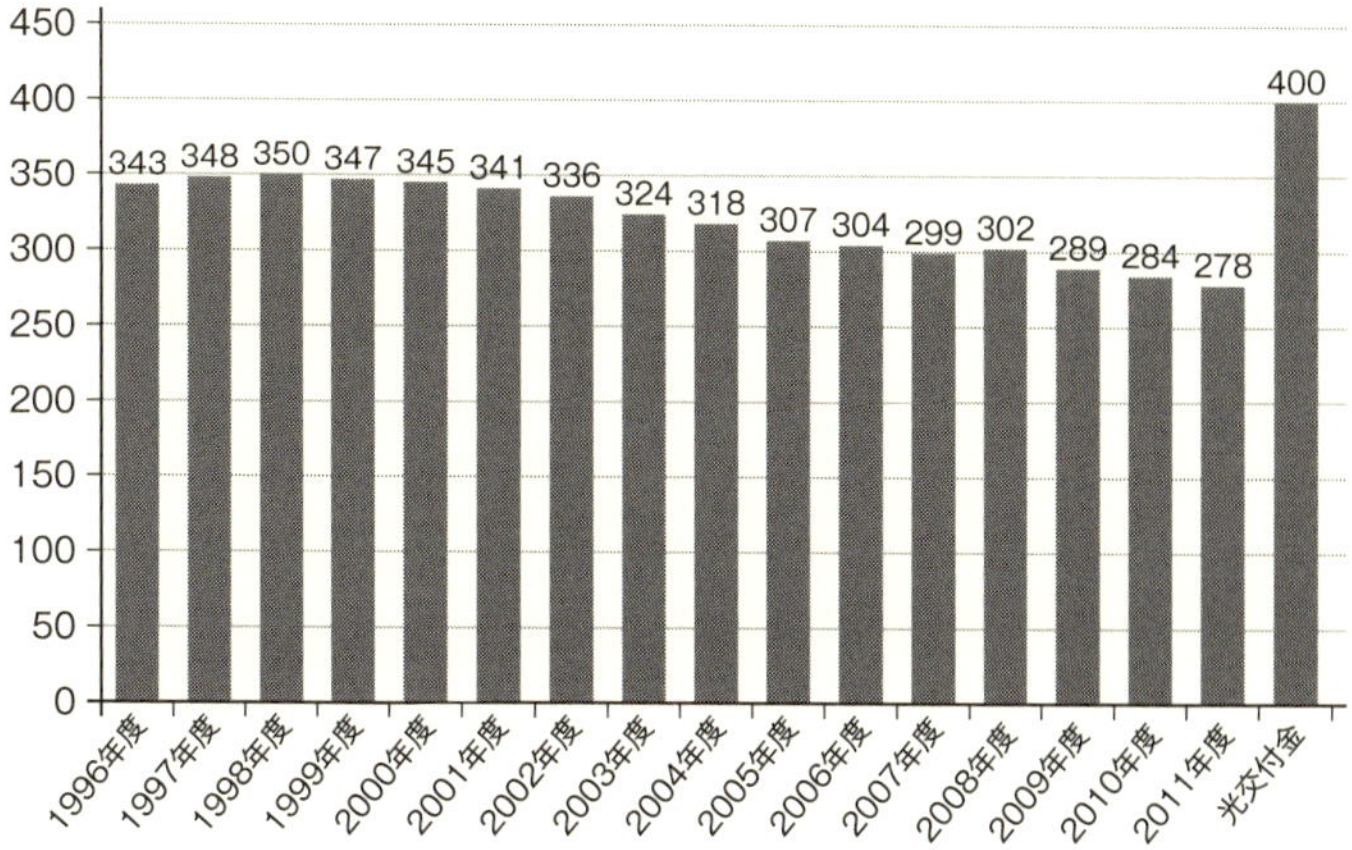

図6-2　過去16年間の全国の公立図書館資料費の推移（単位：億円）

出典：日本図書館協会．“公共図書館集計”．日本の図書館 1997-2012．
日本図書館協会．より一部抜粋し，作成

向にあり、二〇〇七年度には三〇〇億円を割っている。

また、『図書館年鑑』二〇一〇年版の「図書館概況総説'09」では、〝図書館運営にとって重要な資料購入費の減少がすべての館種にわたって引き続き進行しており、利用者の要求の多様化、深化への対応を難しくしサービスの拡充を困難にしている〟[6]と指摘されていることからも、図書館における財政状況の悪化がうかがえる。したがって、このような国家予算や公立図書館資料費の状況の中で、光交付金約四〇〇億円が交付されたことは、図書館にとってまさに「恵みの雨」であり、これでひと息つけたはずである。

3　光交付金の図書館における活用実績

3-1　調査方法

光交付金の活用実績を把握するため、各地方公共団体が内閣府へ提出する実施計画書を分析した。2で触れたように、光交付金は二〇一〇年度内に実施される事業だけでなく、二〇一一、一二両年度に基金として積み立てられる事業に対しても交付された。そのため、実施計画書には、①二〇一〇、一一年度内に実施される「一〇・一一年度内実施分の事業計画書」と②次年度以降に積み立てられる「基金積立事業の計画書」の二種類があり、総事業件数は前者で三七四〇件、後者で三二七件であった。

分析にあたっては、特に事業概要と交付対象経費（事業費）に着目し、それぞれの事業における交付対象費目と交付対象施設を独自に分類した。そして、交付対象費目別・交付対象施設別の事業件数の集計結果および、内閣府が集計した分野別の交付総額から、光交付金の図書館における使途の特徴を調べた。また、地方公共団体ごとに交付総額を算出し、光交付金が交付される前後で、各地方公共団体の二〇一一・一二年度の図書費（予算額）がどの程度増額あるいは減額されているのかも調べた。なお、実施計画書の分析には内閣府地域活性化推進室の協力を得ており、二〇一一、一二年度の図書館費（予算額）は『日本の図書館』二〇一〇、二〇一一年版（日本図書館協会）の統計データに基づいている。

3-2 交付対象費目

まず交付対象費目について、図書館関連事業分のみを抽出し、これを独自に分類・集計したものを表6-1として示す。全体を大項目として七つ（1「備品」、2「施設」、3「システム」、4「事業」、5「雇用」、6「委託料」、7「その他」）に分け、それぞれの項目について必要に応じて中項目・小項目に細分している。この分類作業にあたっては、神奈川県の予算科目を参考にした。(7) 当然のことながら、一つの事業について複数の費目が含まれる実施計画があるため、図書館関連の事業件数は総数で四〇六七件、延べ数で五五四五件となった。事業件数の比率で見ると、費目別では費目番号111（以下、同様）「図書」に活用した事業が約四五％と最も多かった。次いで多いのは書架や机・椅子の購入等を分類項目とする12「その他の備品」（一六・五％）である。ただし、これらはいずれも「費目」の比率であって、必ずしも「金額」の比率とは一致しないことをお断りしておく。

これらの備品購入が全体の六割超となったのは、光交付金の交付対象事業の要件が一因であろう。つまり、交付対象となる事業は、二〇一〇年一〇月八日以降に計画され、同年度内か翌年度に執行される必要があったため、発注から納品までの期間が短く、かつ成果の示しやすい、図書や書架等の備品購入に集中したと考えられる。また、大項目2「施設」への活用もおよそ二割を占めており、ハード・ソフトを問わず交付金が活用されたことがわかる。以下、大項目の割合は5「雇用」(六・四%)、3「システム」(六・二%)、4「事業」(一・七%)、6「委託料」(〇・八%)、七「その他」(〇・三%)と続いている。

費目別の事業件数を一〇・一一年度内実施分のみと、基金積立事業のみでそれぞれ集計した結果を比較すると、大項目1「備品」に含まれる111「図書」は一〇・一一年度内実施分の事業件数の割合が四七・六%、基金積立事業の件数の割合が二七・四%と大きな差がある。同様に12「その他の備品」も一〇・一一年度内実施分が一七・八%、基金積立事業が三・一%となっていることから、これらは先に述べた通り、単発の事業であり、一〇・一一年度内での計画、執行がやりやすかったと考えられる。

反対に、大項目5「雇用」に含まれる、51「専門職員」は一〇・一一年度内実施分〇・七%に対し基金積立事業が四三・六%、52「臨時雇用員」も、それぞれ〇・八%と一三・五%となっており、基金積立事業の事業件数の割合が高くなっている。第2節で述べた通り、基金積立事業に交付金を活用する場合は、「地域雇用の拡大」が条件となっており、かつ長期的な投資を必要とするために、二〇一一年度から一二年度にかけて人件費として積み立てられる割合が、他の費目に比べて多かったものと推測される。

表6-1　交付対象費目の分類と集計

番号	大項目	番号	中項目	番号	小項目	実施計画書	割合（%）	基金積立事業	割合（%）	全体合計	割合（%）
1	備品	11	資料	111	図書	2,410	47.6	132	27.4	2,542	45.8
				112	視聴覚資料	142	2.8	4	0.8	146	2.6
				113	録音図書・点字図書	18	0.4	0	0.0	18	0.3
				114	電子メディア	8	0.2	0	0.0	8	0.1
		12	その他備品			901	17.8	15	3.1	916	16.5
2	施設	21	施設維持・修繕			377	7.4	0	0.0	377	6.8
		22	施設整備			256	5.1	3	0.6	259	4.7
		23	設備整備			344	6.8	4	0.8	348	6.3
		24	移動図書館運営			73	1.4	4	0.8	77	1.4
3	システム					333	6.6	12	2.5	345	6.2
4	事業	41	読書推進			18	0.4	11	2.3	29	0.5
		42	資料のデジタル化			23	0.5	1	0.2	24	0.4
		43	研修			10	0.2	0	0.0	10	0.2
		45	管理・運営			3	0.1	5	1.0	8	0.1
		44	その他			24	0.5	2	0.4	26	0.5
5	雇用	51	専門職員			33	0.7	210	43.6	243	4.4
		52	臨時雇用員			38	0.8	65	13.5	103	1.9
		53	工事等作業員			8	0.2	0	0.0	8	0.1
6	委託料					30	0.6	12	2.5	42	0.8
7	その他					14	0.3	2	0.4	16	0.3
					合計	5,063	100.0	482	100.0	5,545	100.0

表6-2　交付対象施設の分類と集計

施設	実施計画書	割合（%）	基金積立事業	割合（%）	全体合計	割合（%）
A公立図書館	1,836	44.8	168	43.3	2,004	44.7
Bその他の図書室	457	11.2	48	12.4	505	11.3
C学校図書館（小中）	1,426	34.8	131	33.8	1,557	34.7
D学校図書館（高）・大学図書館	44	1.1	8	2.1	52	1.2
Eその他の学校図書館	12	0.3	4	1.0	16	0.4
F議会図書館	2	0.0	0	0.0	2	0.0
G幼稚園・保育園	134	3.3	7	1.8	141	3.1
H児童福祉施設	28	0.7	3	0.8	31	0.7
I美術館・博物館等	47	1.1	5	1.3	52	1.2
J学習・文化施設	97	2.4	12	3.1	109	2.4
Kその他	14	0.3	2	0.5	16	0.4
合計	4,097	100.0	388	100.0	4,485	100.0

3-3　交付対象施設

交付対象費目と同様に、交付対象となった施設を、一般に館種別とされるように分類・集計したものが表6-2である。ここでの分類では、A～Kの一一のアルファベットを用いて対象施設を表している。費目別と同様に、地方公共団体の提出する事業実施計画書では、一つの事業につき複数の施設へ交付する場合があるため、事業件数は延べ数で四四八五件となった。館種別（ないし施設別）で見ると、A公立図書館が二〇〇四件と最も多く、約四五%を占めている。次いで多いのはC学校図書館（小中）の一五五七件（約三五%）であり、この二種類の図書館で全体のおよそ八割を占めていたことがわかる。

表6-3　地方公共団体区分別に見た「光交付金」の図書館関連事業への交付と『日本の図書館』における予算データの有無

	自治体数	図書館関連事業への交付あり	図書館関連事業への交付なし	予算データ有
都道府県	47	42	5	47
政令指定都市・特別区	42	32	10	42
政令指定都市以外	767	731	36	755
町村	941	856	85	501
計	1,797	1,661	136	1,345
割合（%）	100.00	92.4	7.57	74.8

注1）自治体数は2010年10月1日現在
注2）予算データ有の地方公共団体とは，『日本の図書館』2010・2011年版のいずれにも予算額図書館費が掲載されている地方公共団体を指す

3-4　地方公共団体区分別に見た交付額

続いて、地方公共団体区分別に光交付金の図書館関連事業への交付総額を算出し、①都道府県、②政令指定都市、③政令指定都市以外の市、④町村の四つに区分して比較した。まず、図書館関連事業への光交付金交付の有無を区分別に集計したものが表6-3である。表中に示したように、図書館関連事業に光交付金が交付されたのは、二〇一〇年一〇月時点の地方公共団体一七九七のうち九二・四%にあたる一六六一団体に上り、ほとんどの地方公共団体が図書館関連事業に対して光交付金を活用したことがわかる。

次に、光交付金が地方公共団体にもたらした影響の大きさを、概算による推定であることを承知のうえで確認してみよう。

表6-4　地方公共団体区分別の平均交付額と平均図書館費（単位：千円）

	地方公共団体数（うち予算データ有）	光交付金交付総額（図書館事業への交付有）	1団体あたり		A/B×100（%）
			平均交付額（A）	2010年度平均図書館費（B）	
都道府県	47（47）	7,628,281（42）	181,626	225,935	80%
政令指定都市・特別区	42（42）	1,570,672（32）	49,084	788,330	6.2%
市（政令指定都市以外）	767（755）	21,179,352（731）	28,973	91,846	32%
町村	941（501）	9,638,618（856）	11,260	19,694	57%
合計	1,797（1,345）	40,016,923			

表6-4では、先の四つの地方公共団体の区分ごとに光交付金の総額を算出し、交付団体の総数で除して一団体あたりの平均交付額（A）を求めた。一方、図書館統計『日本の図書館二〇一〇』に掲載されている二〇一〇年度の経常図書館費（予算額）にもとづき、やはり一団体あたりの経常図書館費（予算額）の平均値（B）を求めた。さらに、平均交付額（A）をこの経常図書館費の平均値（B）で除することで、各区分における光交付金の図書館費に対する比率（%）を算出した。これで各公共団体の図書館事業に及ぼしたおおよその影響度を測ることができる。

これによれば、都道府県では年間の平均図書館費のおよそ八割、町村でも六割近い額が光交付金により、図書館関係事業に活用された事実が伺える。もちろん、この概算での平均交付額（A）は、公立図書館以外の図書館事業費にも当てることができ、その一方で経常図書館費の平均値（B）は、公立図書館だけの金額であって、単純に右の比率を「影響度」とみなすことには無理がある。しかし、光交付金の金額の大きさを如実に物語っており、わが国の図書館史上、実に画期的な図書館政策だったことは十分に理解できるだろう。一方、政令指定都市・特別区ではわずか六・二%、政令指定都市以外の市でも約三割程度に留まっており、自治体の区分間で大きな違いがあったこともわかる。

3-5 二〇一〇・一一年度の図書館予算との比較

これまで、光交付金自体の事業件数や交付額から活用実績を見てきたが、ここでは、『日本の図書館』(日本図書館協会)に図書館費(予算額)のデータが掲載されている一三四五の地方公共団体について、光交付金が交付された前後の図書館費の変化を調べることにしよう。そこで、図書館費の増減を調べるに当たり、〝{(二〇一一年度図書館費)-(二〇一〇年度図書館費)}÷光交付金による図書館関連事業費〟という算定式で、前後の年での増減とその大きさを測ることにした。

この値を求めることにより、光交付金後の予算の増減が分かり、さらに交付金による事業費で除することでその増減分の交付額に対する相対的な大きさが判明する。つまり、この値がプラスであれば光交付金後の予算が増額、マイナスであれば減額であり、例えば値がプラス1であれば、光交付金と同額が二〇一一年度予算において増額され、値がマイナス2であれば、光交付金の二倍の額が二〇一一年度予算において減額されたことを意味する。この値を3-4で示した地方公共団体の四つの区分ごとに算出し、それぞれの特徴を調べた。なお、ここでいう予算とは『日本の図書館』

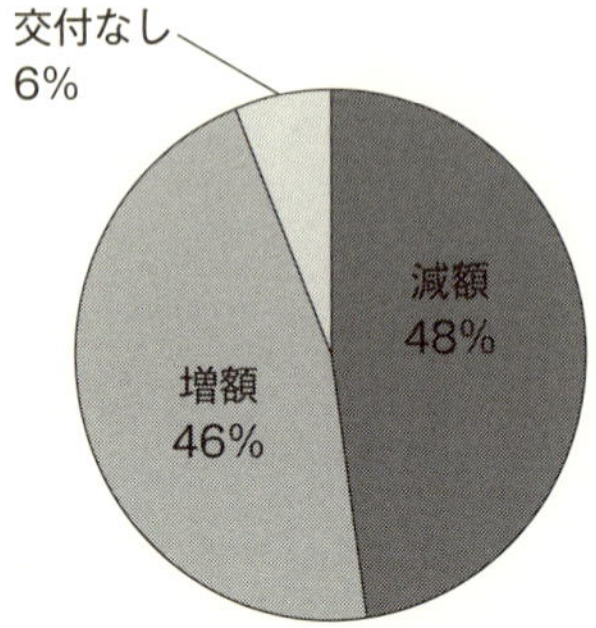

図6-3　地方公共団体における図書館費の増減（全体，1,345 団体）

二〇一〇・二〇一一年版の統計における地方公共団体ごとの「図書館費（予算額）」のことを指しており、これには各年度の補正予算が含まれていないことをお断りしておく。

都道府県、政令指定都市・特別区、政令指定都市以外の市、町村の全体について、増減の割合を示したものが図6-3である。全体の割合は光交付金が図書館関連事業に交付されなかった団体が六％、二〇一一年度予算が一〇年度予算に比べて減額となった団体が四八％、増額となった団体が四六％であった。

続いて、四区分の数値の分布を個別にグラフ化したものが図6-4である。ここからは、地方公共団体の実際の二〇一〇・一一年度予算と交付額を挙げながら具体例を見ていく。なお、交付額の単位は都道府県、政令指定都市、政令指定都市以外の市で「億円」、町村で「千万円」とした。

都道府県では、ほぼ半数の二三団体（四九％）が減額と

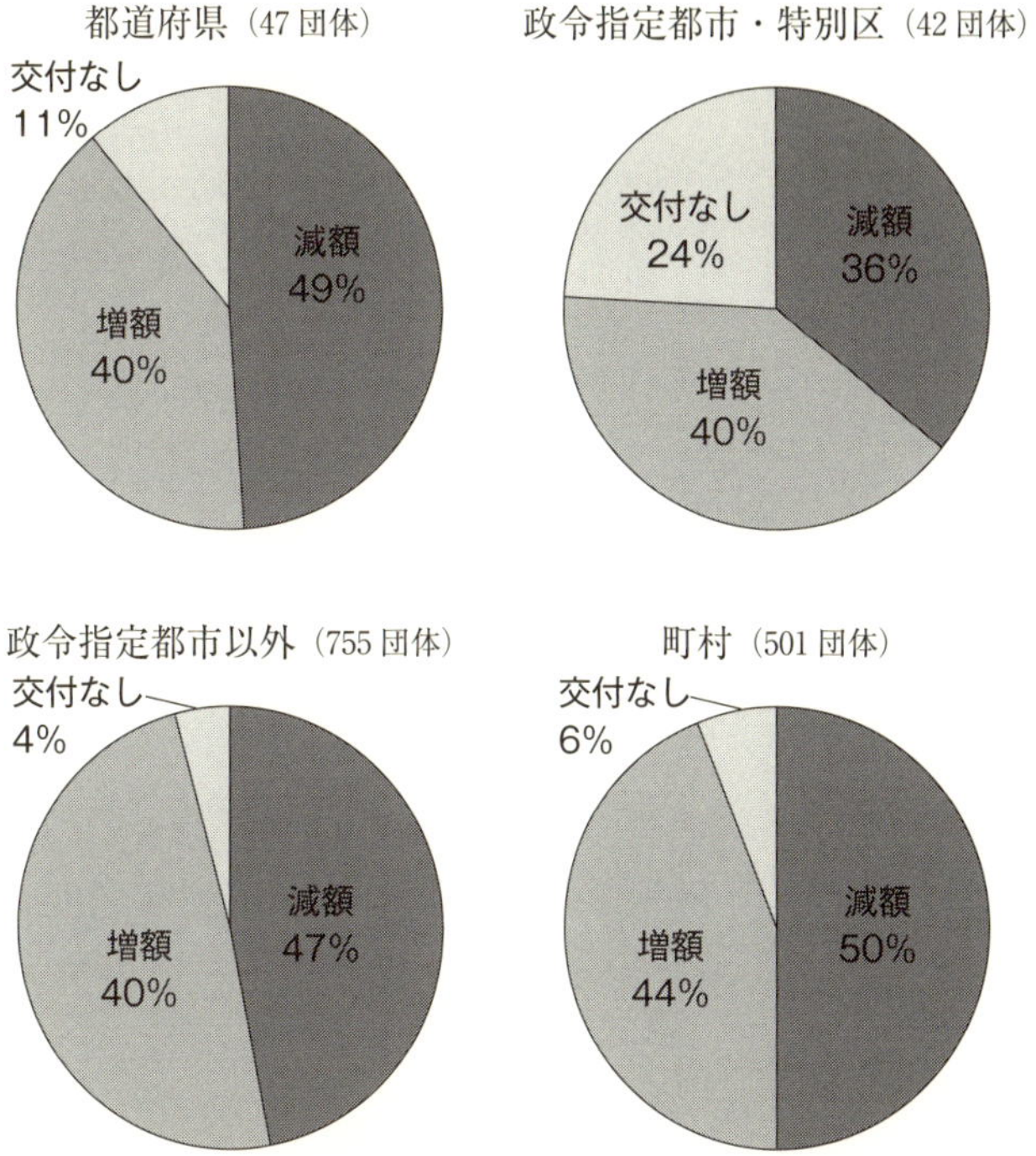

図6-4　地方公共団体における図書館費の増減（区分別）
（カッコ内は予算データ有の地方公共団体数）

なった。そのほとんどで、先の算定式の値がマイナス〇・五～〇となっており、交付金の半額未満が減額されたことを意味している。もっとも、中には三重県のようにマイナス一・四（一〇年度二・六億円→一一年度一・七億円、交付額は〇・六億円）、鹿児島県ではマイナス〇・八（一〇年度二・三億円→一一年度〇・八億円、交付額は二・〇億円）と大幅な減額となった県もあった。逆に最も高いプラスの数値を示したのは鳥取県で、予算額は一〇年度二・六億円、一一年度三・二億円、交付額は〇・四億円であった。

一方、政令指定都市・特別区では平均交付額が低かったことからもわかるように、「交付なし」の団体の割合（二四％）が高く、増額された団体数（四〇％）が減額された団体数（三六％）を上回っている。しかし、交付額の二倍以上の減額を意味するマイナス2以下の団体も五つあって、すべて東京都特別区（文京区、品川区、目黒区、北区、江東区）であった。ただし、特別区は図書館予算に比して交付額が五〇〇万円以下と非常に少ない。そのため、算定式の値が高くなりやすいことにも留意しなければならない。

また、政令指定都市以外の市では、増額された団体（四〇％）が減額された団体（四七％）を下回っている。この区分では交付額の二倍以上が増額された団体数の割合が比較的高い。しかしながら、何らかの事情によるものと思われるマイナス二〇をも下回った団体も見受けられ、福島県郡山市（一〇年度予算四・一億円→一一年度予算一・六億円、交付額〇・一億円）、大阪府和泉市（一〇年度予算八・一億円→一一年度予算二・〇億円、交付額〇・二億円）となっている。

そして、町村は先に示した通り、光交付金の平均交付額が平均予算額の九割にのぼったものの、予算が減額となった団体数の割合が、残念ながら最も高く五〇％である。最も低い数値は神奈川県寒川町のマイナス13（一〇年度予算一九千万円→一一年度予算六千万円、交付額一千万円）、福岡県那珂川町のマイナス8（一〇年度予算七千万円→一一年度予算三千万円、交付額〇・五千万円）であった。

もちろん、二〇一〇年度から二〇一一年度にかけての予算額の増減の理由が全て光交付金の交付によるものとは言い切れない。例えば、いずれかの年度に大規模なシステム更新や改築工事などが予定されていたために、もう一方の年度の予算が低くなる（従来の水準に戻る）場合や、光交付金が二〇一一年度の当初予算の中に含まれていた地方公共団体があることも考えられる。しかし、どの地方公共団体区分にも交付後の予算が減額となっている団体が一定数あり、遺憾ながら交付金の趣旨が正しく受け止められておらず、冒頭で紹介したような日本図書館協会の期待に応えていない団体もあったことになる。

4　光交付金が図書館にもたらしたもの

光交付金は、「知の地域づくり」の中に図書館振興が盛り込まれ、従来の国の図書館予算（文科省による公立図書館振興予算）よりも大きな金額が交付されたことで、全国の図書館がそれぞれの地域の必要に応じた事業に取り組むことができた。しかし、図書館の関連事業であれば使途が自由に定められた点で肯定的に評価される一方、①事業の検討期間が短すぎた、②交付金の措置によって予算が減らされた、③交付対象分野が限られすぎている、という声も自治体関係者からは聞かれた。

確かに、ほとんどの事業が備品購入という単発事業に集中したのには、検討期間の短さや、光交付金があくまで単年度の措置であったことが影響していると考えられる。というのも、本章の3‐2で示したように、年度をまたぐことのできる基金積立事業では、人件費などの長期的な投資が必要とされる事業の割合が高くなっていることから、光交付金がより長期にわたって措置される制度であったならば、このような継続性のある事業の比率がより高まったと推測されるからである。本来、「知の地域づくり」すなわち社会教育や文化事業への投資の効果は長い期間を経て現れるものであり、その投資もまた、長期的、継続的に行われるべきである。

その一方で、交付金措置にともない図書館の経常予算が減額された自治体が存在した事実は、国の交付金の趣旨が正しく受け止められていないことを表している。それだけに、本来の趣旨にそって光交付金を活用して図書館整備を行った自治体では、その成果を「知の地域づくり」という形で示していくことが強く求められる。それによって、図書館の経常予算を充実させることの必要性を首長らに認識してもらうことが何より重要だからである。

二〇一〇年度の補正予算で措置された光交付金は、民主党政権として地域活性化に向けた新しい政策であった。しかも、交付対象の一つであった「知の地域づくり」の中に図書館振興が盛り込まれ、その金額が従来の国の図書館振興予算のおよそ二〇〇倍に及んだという点で、わが国の図書館政策史上、前例のない画期的な図書館政策であった。

光交付金の趣旨や、これまでの国家予算および公立図書館の資料費の推移、光交付金創設の背景となった経済政策などを踏まえると、光交付金には次のような三つの意義があったと考えられる。

第一に、図書館の充実によって社会教育活動を促進させ、利用者の学習機会を拡大させるとともに、「新成長戦略」が掲げる〝地方の「創造力」や「文化力」(8)〟を支える知的人材の育成や雇用創出が促されるとして、国家戦略の一部に図書館が位置づけられたという点である。

第二に、従来の国による図書館振興予算をはるかに超える交付額が用意された点である。二〇一二年度の実績で見て、文科省による図書館振興予算の約二〇〇倍であった。

そして第三に、交付対象となる分野であれば、その使途は比較的幅広く自由であり、地方公共団体がそれぞれに必要な事業を検討することができた点である。

単年度の措置とはいえ、光交付金は金額の面でも使いみちの面でも図書館振興に絶大な効果をもたらしたと言える。例えば、これを施設の拡充と資料の充実に生かし、設置条例を設けて、それまでの公民館図書室をいっきに公立図書館へと変貌させ、図書館未設置を解消した吉備中央町（岡山県）や筑後市（福岡県）などの例も見られる。

これを機に、図書館は単なる読書や生涯学習といった文脈だけでなく、地域振興に貢献するような「知の地域づくり」として位置づけられることで、持続的な発展が可能になるのではないだろうか。そのためには、開明的な政治家の再登場だけでなく、図書館側の意識変革も大いに求められている。

注

（1）内閣府「円高・デフレ対応のための緊急総合経済対策～新成長戦略実現に向けたステップ２～」（二〇一〇年一〇月八日閣議決定）。
http://www.kantei.go.jp/jp/keizaitaisaku2010/keizaitaisaku_step2.pdf,（入手 2012-11-14）

（2）第14回図書館総合展フォーラム「地方財政と図書館――光交付金で図書館整備を」第１部（報告と説明）「光交付金と図書館での活用実績」における長谷光浩氏（内閣府地域活性化推進室参事官補佐）の行政説明。この記録は、次に掲載されている。『LISN』No.155、一－一三頁、二〇一三年。

（3）総務省「片山総務大臣閣議後記者会見の概要」（二〇一〇年一〇月二六日）。
http://www.soumu.go.jp/menu_news/kaiken/36590.html,（入手 2012-11-14）

（4）日本図書館協会図書館年鑑編集委員会「地域活性化交付金を活用して図書館の整備・振興を促進しよう！（提案）」『図書館年鑑２０１１年版』日本図書館協会、二〇一一、三三七－三三八頁。

（5）前掲注（2）

（6）日本図書館協会図書館年鑑編集委員会「図書館概況総説'09」『図書館年鑑二〇一〇年版』日本図書館協会、二〇一〇、一六頁

（7）神奈川県「平成23年度事業・細事業・節別歳出予算執行状況」。
http://www.pref.kanagawa.jp/osirase/2103/shikkou_joukyou/2011/01/40/11/07/02/index.html,（入手 2012-5-30）

（8）内閣府「新成長戦略」（二〇一〇年六月一八日閣議決定）、二四頁。
http://www.kantei.go.jp/jp/sinseichousenryaku/sinseichou01.pdf,（入手 2012-11-14）

第Ⅲ部　地域の課題解決を支援する図書館と司書

第七章　まちづくりを支える図書館

糸賀　雅児

1　図書館の「集客力」と「認知度」

わが国において、図書館は社会教育法第九条により社会教育のための機関とされ、公民館や博物館とならぶ社会教育施設のひとつと考えられてきた。そのため、図書館の建設がいわゆる「ハコもの」づくりの一環と受け止められてきたのは事実である。しかし最近では、より広く「まちづくり」の一環と位置づけ、中心市街地活性化や駅前再開発のなかに取り込み、人の動線演出や賑わい創出の面でひと役担うことを期待する例も少なくない。

例えば、すでに二〇〇一年には図書館関係雑誌に「まちづくりと図書館」の特集が組まれており、石狩市、青森市、印西市、洲本市などの公立図書館によるまちづくりへの取り組みが取り上げられている。(1) この背景には、その三年前の一九九八年に中心市街地活性化法の制定という政策的要因があるのだが、地方自治体における現実的要因としては、なんと言っても図書館の「集客力」と「認知度」の高さが注目されたからであろう。

図7-1　生涯学習施設等の利用状況
（全体，性別，年代別，職業別，地域別／複数回答）

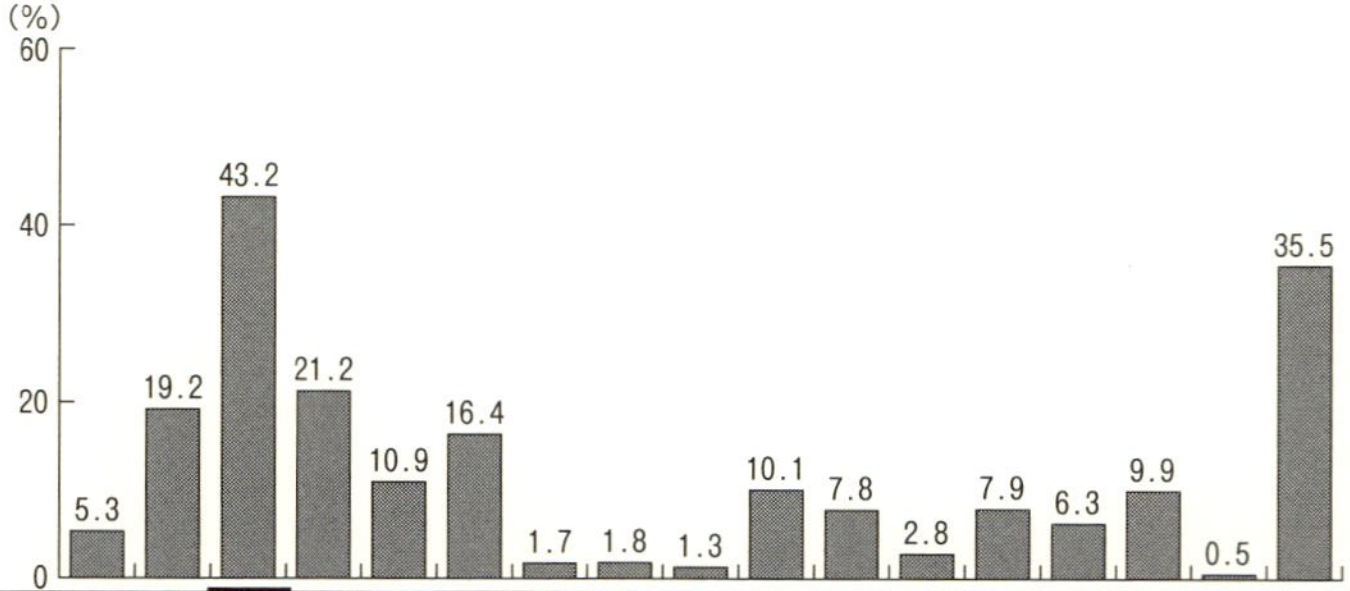

		生涯学習推進センター	公民館	図書館	博物館・美術館	文化施設（文化センターなど）	動物園・水族館・植物園	青少年教育施設	女性教育施設	視聴覚ライブラリーセンター	コミュニティセンター	保険センター・福祉施設	勤労者支援施設・消費生活センター・農業改善センター等	大学や各種学校などの教育機関	民間のカルチャーセンター	民間のスポーツクラブなど	その他	いずれも利用しなかった
全体 (N=1,707)		5.3	19.2	43.2	21.2	10.9	16.4	1.7	1.8	1.3	10.1	7.8	2.8	7.9	6.3	9.9	0.5	35.5
性別	男性 (n= 888)	5.0	16.7	40.2	17.7	9.9	13.7	1.6	0.3	1.6	9.3	5.6	2.6	9.6	3.6	8.6	0.5	40.1
	女性 (n= 819)	5.6	21.9	46.4	25.0	12.0	19.3	1.8	3.4	1.0	10.9	10.1	3.1	6.0	9.3	11.4	0.6	30.5

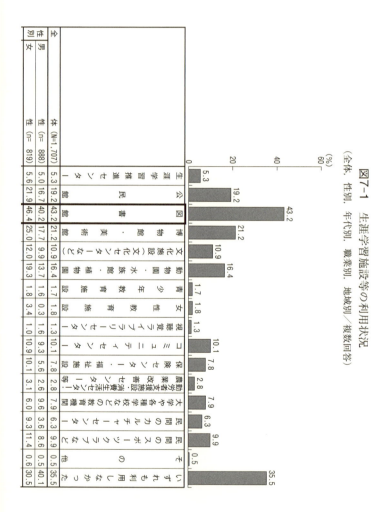

年代別	10代	(n= 107)	1.9	10.3	50.5	15.0	7.5	10.3	2.8	0.0	0.0	1.9	0.9	0.9	17.8	1.9	4.7	0.0	36.4
	20代	(n= 258)	0.0	9.7	38.0	15.5	4.3	19.0	1.2	0.0	0.0	4.3	5.4	1.2	14.3	4.7	12.0	0.0	38.0
	30代	(n= 288)	3.8	11.8	40.3	18.8	6.6	25.3	1.0	1.0	0.3	4.5	8.0	2.4	3.8	6.6	7.3	0.3	40.3
	40代	(n= 243)	2.5	17.3	47.3	22.2	10.7	18.5	2.1	2.1	2.9	11.5	4.9	4.5	7.0	8.2	13.2	0.0	36.6
	50代	(n= 291)	3.1	21.6	41.6	22.3	12.4	11.0	0.3	2.4	1.4	9.3	5.2	2.1	5.5	6.2	7.6	1.0	38.5
	団塊世代(56～58歳)	(n= 74)	2.7	24.3	48.6	31.1	17.6	12.2	0.0	1.4	4.1	12.2	8.1	2.7	4.1	9.5	10.8	0.0	28.4
	60代	(n= 520)	11.9	29.2	44.8	25.6	16.5	13.5	2.7	3.1	1.9	17.5	13.1	3.8	6.5	7.1	11.2	1.0	29.2
職業別	農業自営	(n= 10)	0.0	40.0	50.0	40.0	10.0	20.0	0.0	0.0	0.0	10.0	0.0	10.0	0.0	0.0	0.0	0.0	40.0
	商工自営	(n= 140)	2.9	22.9	39.3	17.9	10.0	9.3	1.4	1.4	0.7	10.7	5.0	5.7	7.9	5.0	5.0	0.0	37.9
	自由業	(n= 84)	9.5	22.6	46.4	27.4	17.9	16.7	1.2	1.2	6.0	13.1	6.0	4.8	15.5	6.0	6.0	0.0	36.9
	雇用者（フルタイム）	(n= 557)	3.4	12.6	39.3	18.9	9.3	18.1	1.6	1.4	1.3	7.2	3.9	2.2	5.9	5.9	5.9	0.5	39.3
	雇用者（パートタイム）	(n= 169)	4.1	21.9	45.6	24.9	8.3	19.5	0.0	1.8	0.6	6.5	10.1	3.6	3.6	6.5	6.5	0.6	32.0
	専業主婦（夫）	(n= 330)	8.8	29.7	47.3	27.3	15.2	22.1	2.1	4.8	1.5	17.0	16.1	4.2	4.8	11.5	11.5	0.6	26.7
	学生	(n= 141)	1.4	8.5	53.2	14.9	5.0	12.1	2.1	0.0	0.0	1.4	0.0	0.7	29.8	0.7	0.7	0.0	31.9
	無職	(n= 276)	7.6	19.9	40.2	18.8	12.0	9.8	2.5	0.4	1.1	13.0	10.5	0.7	4.7	4.7	4.7	1.1	40.6
地域別	北海道	(n= 75)	2.7	13.3	40.0	18.7	6.7	24.0	0.0	2.7	0.0	10.7	12.0	2.7	8.0	2.7	2.7	0.0	26.7
	東北	(n= 129)	4.7	21.7	43.4	21.7	17.1	14.7	2.3	0.8	1.6	15.5	8.5	2.3	6.2	5.4	5.4	0.0	35.7
	関東	(n= 553)	4.3	16.6	43.0	22.6	10.5	18.3	1.1	1.6	1.6	9.4	6.9	2.4	8.1	7.6	7.6	0.9	34.0
	北陸甲信越	(n= 115)	7.8	32.2	43.5	23.5	6.1	14.8	1.7	1.7	0.9	16.5	7.0	3.5	4.3	5.2	5.2	0.9	37.4
	東海	(n= 200)	6.5	22.0	44.5	23.0	11.0	19.0	0.5	2.0	1.5	6.0	7.5	2.0	7.5	6.0	6.0	0.5	33.0
	近畿	(n= 280)	6.1	12.9	43.2	18.9	11.1	13.2	2.5	2.5	1.1	8.6	7.5	2.9	7.9	8.2	8.2	0.0	40.7
	中国	(n= 109)	6.4	22.0	49.5	17.4	6.4	16.5	1.8	0.0	0.9	6.4	10.1	4.6	8.3	4.6	4.6	0.9	37.6
	四国	(n= 49)	0.0	22.4	36.7	28.6	18.4	14.3	4.1	0.0	0.0	16.3	8.2	0.0	12.2	2.0	2.0	0.0	38.8
	九州・沖縄	(n= 197)	6.1	22.8	41.1	18.3	12.7	12.7	3.0	3.0	1.5	11.2	8.1	4.6	9.1	5.1	5.1	0.5	35.0

出典：「学習活動やスポーツ，文化活動に係るニーズと社会教育施設に関する調査」（平成17年度文部科学省委託調査）より抜粋

図7－1は図書館や公民館などの社会教育施設だけでなく、コミュニティセンターや民間カルチャースクールなどを含めた生涯学習施設全般の利用状況を示したものである。このグラフと表は、文部科学省が二〇〇五年度に全国の一六歳以上を対象に、直近六ヵ月間に一度でも利用したことのある施設を複数選択で答えてもらった結果である。これによると、全国規模で見ても、第一位は図書館であり、実に半数近い人びと（四三・二％）が利用していることがわかる。これに次いで博物館・美術館や公民館という代表的な社会教育施設が挙げられるが、利用率は図書館の半分程度（二一・二％および一九・二％）に過ぎない。

さらに図の下段に示される年代別の内訳で見ても、すべての年齢層で図書館の利用率がもっとも高くなっており、図書館利用は年代を超えて広がっている。一〇代の利用が多い（五〇・五％）のは、高校生を中心にした勉強・学習のためと推測されるが、調査時点での「団塊世代」の利用率（四八・六％）がそれに次いで高い点も注目される。

また、図7－2として示す別の文科省調査「社会教育施設の利用者アンケート等による効果的社会教育施設形成に関する調査研究」（二〇一一年三月）によれば、図書館は半数以上の人に「施設の具体的な役割・活動」が知られている。この点では、公民館や博物館、生涯学習センターなど他の社会教育施設が「役割・活動を知らない」「該当する施設がない」とする回答が多いなかで、図書館は際立った違いを示しており「認知度」の高さを物語っている。

つまり、図書館は単なる「ハコもの」ではなく、施設の延床面積当たりの利用率がきわめて高く

図7-2　社会教育施設の認知度（年代別）

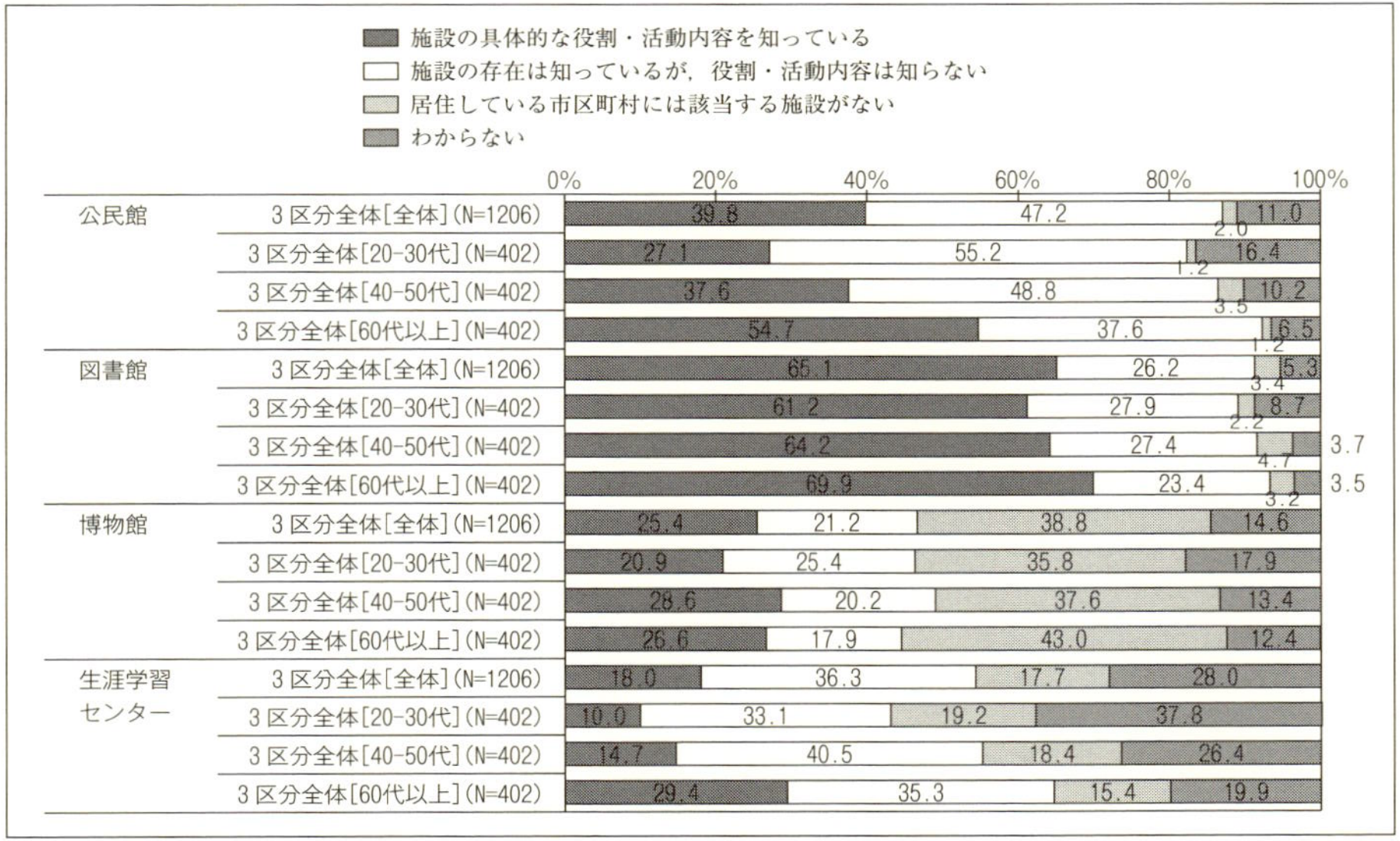

注：社会教育施設について，どの程度知っているか質問したところ，「施設の具体的な役割・活動内容を知っている」との回答は，公民館が39.8%，図書館が65.1%，博物館が25.4%，生涯学習センターが18.0%であった．また，年代別に比較したところ，いずれの施設においても60第以上の認知度が一番高くなっている．

出典：文部科学省委託「社会教育施設の利用者アンケート等による効果的社会教育施設形成に関する研究」（平成23年3月）

集客力があり、また多くの住民にその存在や役割を認知された公共施設ということができる。この点を、先に紹介した図書館関係雑誌の特集記事のなかで、建築家の菅孝能は〝文化施設、とりわけ図書館の集客力、日常的に幅広い世代の人びとを集める力が中心市街地の再生に大きく貢献することが注目されている〟としたうえで、次のように指摘している(2)。

図書館を中心市街地の枢要な場所に配置することにより、文化的情報を発信して、街の雰囲気を変え、来街を促進し、人の流れを変え、商業の活性化を後押しする。図書館にとっても中心市街地に立地することは、中心市街地の住民だけでなく、広い範囲から都心に集まってくる人たちの利用を誘発し、（中略）図書館への行政効果を高めることになる。

この指摘を裏づけるように、中心市街地活性化計画のなかに図書館の建設・移転を取り込む事例がいくつか見られる。まさしく「知の地域づくり」の実践例である。

2　中心市街地を活性化した図書館

例えば、多くの自治体関係者の注目を集めて二〇〇一年一月にオープンしたせんだいメディアテーク（仙台市）は、地上七階地下一階の施設で、ライブラリー（図書館は三階〜五階）だけでなく、ギャラリーやスタジオも併せもち、斬新な施設デザインとも相まって、多くの市民をひきつけた。開館から四年を経過したとき、運営当事者は次のように振り返っている。

四年という時間は人間で言えば幼年期の終わりにあたります。この間、メディアテークには毎日三〇〇〇人から四〇〇〇人の人が訪れ、思い思いの利用や活動を繰り広げてきました。周辺には飲食店やギャラリーも増え、街そのものの変化も感じられます。与えられたサービスにとどまらず、利用者自らが目的を発見し、成し遂げていく場となるという計画当初からの夢は、どのように実践され、この場に関わる人々のあいだで育てられてきたのでしょうか。(3)

せんだいメディアテークの開館以降、集客と周辺施設の賑わいに変化が見られ、住民の主体的な行動や学習にも好影響が生まれつつある様子が読み取れる。

また、せんだいメディアテークの開館からちょうど一〇年後の二〇一一年に、JR武蔵境駅のすぐ前にオープンし、同様に評判を呼んだ施設に武蔵野プレイス(武蔵野市)がある。武蔵野プレイスは、図書館機能を中心としながら、生涯学習支援機能、市民活動支援機能、青少年活動支援機能を併せもつ、いわば「多機能施設」であり、文字通り「まちづくり」「知の地域づくり」を意識して構想された公共施設と言ってよい。

この施設が開館した翌一二年一一月に武蔵野市市民部が実施した来街者調査によれば、(4)ほぼ半数が直近の二年間で武蔵境を訪れる機会（来街頻度）が増えたと回答している。しかも、武蔵境での利用施設では、大手流通系の百貨店（四六・四％）に次いで、武蔵野プレイス（三二・〇％）が二番目に多く、特に平日昼間だけで見れば武蔵野プレイス（五一・五％）のほうが百貨店（五〇・三％）を上回っていることが注目される。

仙台市や武蔵野市の事例からわかることは、もともと図書館が集客力をもつ施設であるうえに、両施設の多機能性がより多くの市民の知的興味と文化的嗜好に合致したからこそ、まちを変える推進力になり得た事実である。こうした発想や手法は、なにも大都市やその周辺の自治体に限られない。

北海道・滝川市の新図書館は、武蔵野プレイスと同じ二〇一一年に、市庁舎の二階に移転する形でオープンした変わり種である。もともとの市立図書館が市街地の外れにあって老朽化が進んだこともあり、業務体制の見直しを図って余裕スペースを生じた市庁舎の中に、中心市街地活性化の目的で図書館を移転させた。市の都市再生整備計画事業（二〇一〇〜一一年度）には、次のように中心市街地活性化における図書館の位置づけが明確に謳われている。

図書館本来の図書機能に加え、中心市街地を訪れる市民の憩いのオアシスとして活用されることと、ここを起点として中心市街地の様々な都市機能を利用するために回遊することが期待され、中心市街地に都市福利施設、行政サービス、商業の連携により、住みやすい環境整備を進めることで、目標とする街なか居住の促進にも寄与できる中心市街地活性化のため必要な事業である(5)。

以上のように、図書館機能を含む中心市街地活性化や駅前再開発の事例では、周辺の施設やそこに集う人びとの動線と一体となった施設計画がなされている。まさに「まちづくり」「知の地域づくり」としてのハードとソフト両面からの図書館デザインということができる(6)。

3 まちづくりへの図書館の効果

ここで、中心市街地活性化により図書館と他の商業施設や民間施設との複合化・多機能化を図った場合の効果に触れておこう。

桑原芳哉は、一九八一年以降に複合施設として中心市街地に整備された図書館のなかから、中心市街地活性化に関する詳細なデータが入手しやすい事例六〇館を抽出して、図書館の床面積、設置階、蔵書回転率などを分析した。さらに、前述した武蔵野市の来街者調査のような「市街地歩行者通行量」調査の結果等も踏まえ、〝図書館を含む再開発事業が、「賑わい」を取り戻す効果は見込めるが、「売り上げ」を伸ばす効果には結びつかない〟と述べている(7)。

しかし、その一方で、自治体の中心市街地活性化担当者（一二二件）の認識を質問紙調査により探ったところ、実際の効果として、「住民満足度の向上」（六〇・二％）、「来街者の増加」（五六・一

%）、「イメージの向上」（四六・九%）の三つが多かったことを明らかにしている。これらのことから、桑原は、自治体担当者においては図書館整備が中心市街地の活性化に効果をあげているという認識があること、また、商業集積地の商品販売額の分析から、図書館に近接する商業集積地において比較的活発な商業活動が行われていること、の二点を指摘している(8)。

4　まちづくりを支える図書館の特徴

中心市街地活性化に図書館を取り込む自治体が多いことから、まちづくりの一環として「図書館」を位置づけようとする傾向を捉えてきた。この他に、文部科学省が作成した最近の図書館実践事例集には(9)、全国合わせて一一二館の事例が取り上げられている。そこには「まちづくり」だけでなく、「連携」「様々な利用者へのサービス」「課題解決支援」「建築・空間づくり」「電子図書館」などの類型ごとにカラー写真入りでの紹介がある。

「まちづくり」との結びつきは、これからの図書館にとって欠かせない視点であると同時に、逆に自治体のまちづくりにとって「図書館」との結びつきは必須の条件である。なぜなら図書館は単なる読書施設ではなく、以下のような特徴を併せもつ、他に類を見ない公共施設だからである。

・施設の床面積あたりの集客力が大きい
・利用者の年齢・年代の幅が広い

・毎日来館する人がいるくらい常連、リピーターが多い
・無料で使え、平日・休日、昼夜を問わず開館している
・司書という専門的職員が利用相談に応じ、ボランティア活動も盛ん
・時間つぶしや趣味・娯楽から研究・調査まで目的がきわめて多様
・古今東西、森羅万象、あらゆる趣味と興味と知的関心に対応可能
・短時間の立ち寄りから長時間にわたる滞在まで、自分の居場所がある
・カフェ、書店、体育・スポーツ施設、学習塾など民間文化施設とも親和性が高い

これらの特徴を生かして、図書館は「まちづくり」だけでなく、「地方自治」「生涯学習」「情報社会」といった様々な局面へと広がりを見せる「地域の情報拠点」（図7－3参照）に変わりつつある。また、だからこそ図書館の振興や充実をめざす計画が「知の地域づくり」と言われるのでもある。

図7-3「地域の情報拠点」としての図書館

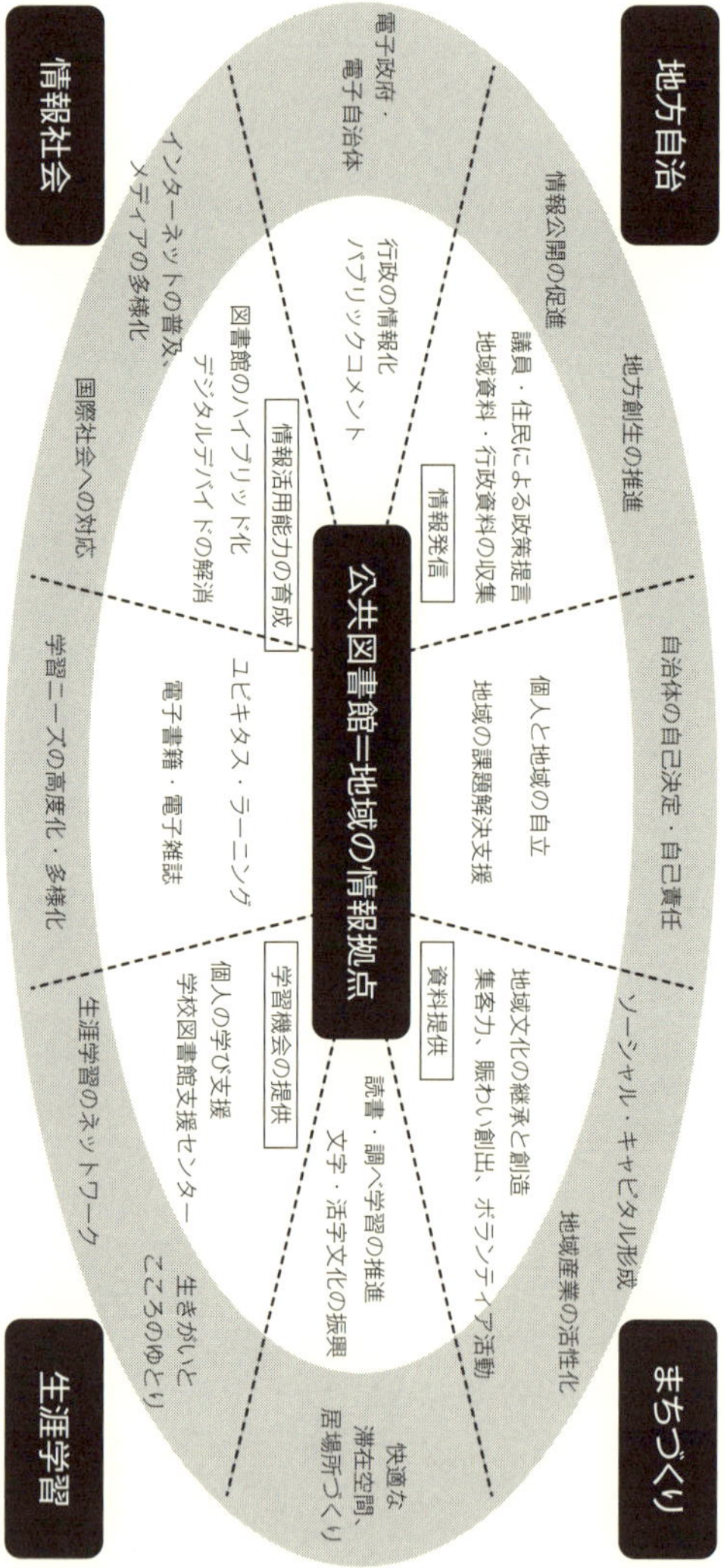

注

(1)「[特集] まちづくりと図書館」『図書館雑誌』九五巻七号、二〇〇一年。
(2) 菅孝能「中心市街地活性化と図書館」『図書館雑誌』九五巻七号、四七四―四七七頁、二〇〇一年。
(3) せんだいメディアテーク・プロジェクトチーム『せんだいメディアテーク　コンセプトブック』増補新版、NTT出版、二一九頁、二〇〇五年。
(4) 武蔵野市市民部生活経済課『武蔵野市産業振興基礎調査報告書　来街者調査編』二〇一三年。(http://www.city.musashino.lg.jp/dbps_data/_material_/_files/000/000/014/659/raigaihonntyousa.pdf)
(5) 経済産業省商務流通保安グループ中心市街地活性化室『情報収集・分析・提供事業報告書』二〇一三年三月。(http://www.meti.go.jp/policy/sme_chiiki/town_planning/h24_houkokusyo_jouhousyuusyuu.pdf)
(6) 中心市街地活性化に図書館が貢献した最近の事例として、他に高崎市、行橋市、豊後高田市、大田原市などが挙げられる。
(7) 桑原芳哉「中心市街地再開発による公共図書館整備――民間施設との複合整備事例を中心として」二〇〇八年度三田図書館・情報学会研究大会発表。(http://www.mslis.jp/am2008yoko/13_kuwabara.pdf)
(8) 桑原芳哉「中心市街地活性化における公共図書館整備」二〇〇九年度三田図書館・情報学会研究大会発表。(http://www.mslis.jp/am2009yoko/09_kuwabara.pdf)
(9) 文部科学省生涯学習政策局社会教育課『図書館実践事例集――人・まち・社会を育む情報拠点を目指して』二〇一四年。(http://www.mext.go.jp/a_menu/shougai/tosho/jirei/index.htm)

第八章　「地域の情報拠点」としての課題解決型図書館

糸賀　雅児

1　新しい図書館モデルの必要性

「地域の情報拠点」という表現が公的な場面で用いられた最初は、生涯学習審議会社会教育分科審議会におかれた図書館専門委員会の報告(1)（一九九八年一〇月）である。この委員会は、のちに大臣告示される「公立図書館の設置及び運営上の望ましい基準」（二〇〇一年七月、その後二〇一二年一二月にこの基準は改正されるので、以下では旧「望ましい基準」と略記）の原案報告をとりまとめた委員会であり、筆者もその委員の一人であった。当時の報告では、わざわざ〝地域の情報拠点としての図書館〟という見出しを掲げ、従来のパッケージ系メディアとともに通信系メディアへの対応をも充実させる必要性を指摘したうえで、次のように説明している。

このような新しい情報サービスは、これまで実施してきたサービスと別個のものとして存在するものではなく、図書館が蓄積してきた情報の組織化等に関わるノウハウ等を活かすことによっ

て有効に実施されうるものであり、これまでの図書館サービスの延長線上に位置づけることができよう。（報告、四頁）

つまり、読書の場とか生涯学習施設とかのイメージでとらえられてきた公共図書館を、少しはいま風に「地域の情報拠点」と呼んだところで、すっかり中身が入れ替わってしまうわけではなく、あくまで〝これまでの図書館サービスの延長線上〟にあると考えていたことがわかる。しかしながら、だからといって、それまで図書館界でバイブルのように崇められてきた『市民の図書館』(2)の考え方を継承していくことから生まれてくる概念でもないと言うべきである。

その象徴的な現象は、先の図書館専門委員会を所管していた文部省生涯学習局学習情報課（当時）が、旧「望ましい基準」を検討するための専門委員会会議とほぼ同時並行で、同じ学習情報課長のもとに「地域電子図書館構想検討協力者会議」を立ち上げ、二〇〇〇年一二月二一日に『二〇〇五年の図書館像――地域電子図書館の実現に向けて（報告）』(3)（以下では、『二〇〇五年の図書館像』）をとりまとめていたことである。ちなみに、旧「望ましい基準」の原案となった委員会報告のとりまとめは同じ年の一二月八日で、二週間と空いていない。国の図書館行政は、〝これまでの図書館サービスの延長線上〟に「地域の情報拠点」を位置づけていたとは言え、その〝延長線上〟の少なくとも五年先には、「地域電子図書館」なるものを見すえていたことになる。

この『二〇〇五年の図書館像』は、首都圏にある人口約一一万人という全国平均（当時）に近い市に住む四人家族の図書館利用を物語風に描いており、文部省の報告書としては異例のスタイルをとっていた。その冒頭部分で、舞台となる市立e図書館が一年前に増築したことに触れたうえで、次のように説明している。

市民から図書館の情報化の強い要望が出されていたのに応えたもので、増築を機に館内にLANを敷設し、閲覧机の一部には情報コンセントを設置した。また、司書二名を増員するとともに、自動貸出機を導入して貸出業務の軽減を図り、いっそうの高まりを見せる情報化への要求に対応できる体制を整えたそうだ。

この「構想」が二〇〇五年にどこまで実現し、わが国の公共図書館の平均的な姿になり得たかどうかはともかく、近未来を想定した図書館像では、〝貸出業務の軽減〟が図られており、もはや『市民の図書館』への執着が見られなかったのは事実である。

『二〇〇五年の図書館像』が発表された翌年、二〇〇一年七月にわが国では初めて図書館法を根拠とした文部科学大臣による旧「望ましい基準」の告示がなされたのは、前述のとおりである。また、これらの国の図書館政策の動きをみすえたうえで、旧「望ましい基準」の告示とほぼ同じ時期に、社団法人日本図書館協会（当時、現在は公益社団法人）が、文部省（当時）より町村図書館振興に向けて委嘱された調査研究の集大成として『図書館による町村ルネサンスＬプラン21——二一世紀の町村図書館振興をめざす政策提言』(4)を刊行した。

この政策提言は、〝町村図書館振興〟を看板に掲げながらも、実際には県立図書館を含めた公共図書館全体の振興を視野に入れたもので、二一世紀の初頭にふさわしく二一の政策提言から成り立っていた。その一つに「図書館は地域の情報拠点」があり、また別の一つに「地域の課題解決能力・政策立案能力を高める」が掲げられていたのである。

さらに、その後二〇〇五年一月には『地域の情報ハブとしての図書館――課題解決型の図書館を目指して』(5)が中央省庁の再編後に、やはり文部科学省生涯学習政策局から発表される。ただし、この報告書の主体は、図書館専門委員会を所管した同局の学習情報課に置かれた研究会ではなく、それとは別の参事官（学習情報政策担当）の所管による研究会「図書館をハブとしたネットワークの在り方に関する研究会」であった点は、局内の異なった部署で公共図書館に関して同様の方向での政策を考えていたことを示しており、極めて興味深い。

この報告書は、公共図書館に期待される新たな役割として「課題解決型」という方向性を明確に打ち出した点で、その後大いに注目されることになる。具体的な地域課題の解決支援の領域として「ビジネス支援」「行政情報」「医療関連情報」「法務関連情報」「学校教育支援」「地域情報提供・地域文化発信」の六つを挙げたが、今から見れば、わが国図書館界における課題解決型サービスの原型を成したとも言えよう。

折しも、公共図書館＝無料貸本屋という批判の声が作家や出版社から相次ぎ、公共貸与権（公貸権）導入が叫ばれていた時期である。(6) これに輪をかけるように、二〇〇三年六月の地方自治法一部改正により、地方自治体が設置する公の施設に対して、それまでの管理委託制度に代わる指定管理者制度が導入されていた。その後の経過を見ても、指定管理者制度の及ぼす影響はきわめて大きいものがあったが、どこの図書館であっても、貸出カウンターをすべて正規雇用の司書に担当させることはきわめて難しい状況となっていた。このような情勢のなかで、貸出を重視する図書館運営方針に代わる新たな図書館モデルが求められることになる。

それを裏づけるように、この間には文部科学省と日本図書館協会の主催で〈ディスカバー図書館2004〉のイベント（二〇〇四年五月二九日、東京）が開催され、(7) 多くの関係者の注目を集めた。そこで紹介された立川市（東京都）、愛知川町（滋賀県）、石垣市（沖縄県）の各図書館の試みなどは、図書館に求められつつあったビジネス支援やまちづくり、観光支援など、地域の課題解決をめざす図書館の典型的な事例と言ってよい。また、本書の共著者二人は、このイベントに基調講演者（片山善博）とパネリスト（糸賀雅児）として関わり、社会が図書館に求める新たな潮流をいやがうえにも感じさせられたのである。

2　『市民の図書館』が遺したもの

『市民の図書館』が刊行された一九七〇年代初頭の図書館の状況を考えれば、「貸出」に重点をおいた図書館運営の方針は正しい戦略だったといえる。それまでの館内閲覧中心の図書館サービスから多くの市民が気軽に本を借り出せる館外貸出中心へのサービス方針転換を図ったことは、その後の図書館利用者の飛躍的増大ひとつをとっても、正しい選択であったことは明らかである。

しかし、その後の自治体財政の緊縮化や情報技術の進展、地域社会の変容などにより、図書館が本質的な機能を発揮するためにとりうる方法や手段も大きく変わりつつある。それにもかかわらず、『市民の図書館』を信奉し続けるとなると、話は違ってくる。例えば、『市民の図書館』では当初から図書館の無料貸本屋批判に対して一定の見解を示しているが、それは〝図書館もまず貸本屋くらい市民に親しまれる存在になってから（無料貸本屋だという）批判をすべき〟（同書、三七頁）というものである。いまや貸本屋に比べたら、図書館のほうが市民に親しまれる存在であることは疑いようもない。となると、これに続けてこの本自身が答えているように、〝どんな図書を貸しているかが問題〟（同書、三七頁）となるはずである。

ところが、これに対していまだに利用者の要求を何よりも重視しようとする図書館員は、〝「個々の資料の価値判断は利用者がするものである。（図書館員は）求められた要求の価値判断はすべきではない」ということを忘れてはならない〟(8)と主張する。こうした主張も、当初は『市民の図書館』がもたらした図書館員の意識改革の肯定的側面であったに違いない。なぜなら、それまでは図書館側の価値判断に相当に依拠した選書がなされており、利用者から見て魅力的な蔵書構成とはなっていなかったからである。

この状況は、おそらく図書館に限った話ではなかったろう。市役所の窓口サービス然り、病院サービス然り、学校然りで、市民が「役所＝お上（かみ）」にあれこれ要求するなどということはおよそ考えにくいことであった。そうした時代に比べれば、利用者の要求を尊重すること自体は疑いなく良いことである。しかし、租税によって提供される公共サービスでは、この姿勢を無条件・無制限に保持し続けることが難しい。どこかで公共的な価値の実現のために、市民の要求すべてを受け入れるわけにはいかなくなるからである。その限界の線引きが〝どんな図書を貸しているか〟の問題に帰着するはずであるが、いまだにその問いかけそのものをナンセンスだとして拒む図書館員を残したところに、『市民の図書館』の負の遺産があったと言ってよい。

もちろん、こうした部分的な記述の問題点を拾い出したところで、そのこと自体はたいした意味をもつものではない。より本質的な問題は、『市民の図書館』が提起した図書館サービスと図書館業務の構造全体が、これからの図書館にとって前向きに作用するかどうかである。確かに一九七〇年代および八〇年代のわが国公共図書館にとって果たした功績は大きいものがある。だが、九〇年代以降、そして二一世紀にまで、その余力が残されていたとはとうてい思えない。かつて津野海太郎氏が〝市民図書館運動がのこしてくれた貴重な資産はもうとうに食いつくしてしまった(9)〟と書いたのは、実に一九九八年のことである。

3　司書の働きが見えてくるか？

さて、『市民の図書館』からの脱却の必要性を考えるにあたって、視点をどこにおくのか予め説明しておきたい。図書館を構成する要素の中で何が重要かと問われれば、誰もが職員なかでも司書の存在を挙げるだろう。それは、司書の働きが、図書館の経営やサービスなど運営の全体に影響するからである。したがって、ここでも『市民の図書館』が司書の働きが見えるような実績を残したかどうかから検証したい。

二〇〇三年度に実施された国立教育政策研究所の調査『図書館及び図書館司書の実態に関する調査研究報告書』(10)は、全国のすべての図書館設置自治体を対象（回収率は、都道府県で九八％、市区町村で七〇％）としており、このなかで図書館の各種業務が主にどのような職員（正規か非正規か、有資格者か無資格者か）によって担当されているのかが調べられている。その結果を表8－1に示すが、これによれば調査時点（二〇〇三年一一月）において、都道府県立図書館（以下、県立図書館）の七割以上で「（一般図書や地域資料など）各種資料の選定」や「レファレンス」「読書案内」「書誌データの加工・修正」「リクエスト」といった業務が司書有資格の正職員によって行われている。また、図書館設置の市区町村の半数以上でもほぼ同様の業務が司書有資格の正職員によって担当されていることがわかる。

表8-1　主に司書有資格の正職員が担当する業務の割合

司書有資格の正職員が担当する業務	都道府県立図書館（回答46館）	市区町村立図書館（回答1173館）
資料選定（参考資料）	89%	62%
資料選定（地域資料）	89%	61%
資料選定（一般資料）	87%	61%
資料選定（児童資料）	87%	59%
レファレンス	89%	52%
読書案内	83%	45%
書誌データの加工・修正	78%	47%
リクエスト	72%	34%
貸出し	54%	20%

出典：国立教育政策研究所社会教育実践研究センター『図書館及び図書館司書の実態に関する調査研究報告書——日本の図書館はどこまで「望ましい基準」に近づいたか』p. 43, 2004年.

ただし、同じ業務どうしで比べると、総じて県立図書館のほうが司書有資格者によって担当されている割合が高いこともわかる。特に「貸出」に関しては、『市民の図書館』が公共図書館の中核と呼び（同書、一三頁）、「貸出」を中心に据えたサービスの主たる対象とした市区町村立図書館では、司書有資格の正職員によって担当されている割合は、この時点で二割程度にすぎない。

この結果そのものは大方の予想とそれほど違ったものではない。しかし、「選定」にしても「書誌データの加工・修正」にしても、この種の司書の働きは、なかなか利用者を含めた外部の人間には見えてこない。そうしたなかにあって、外部の人間にも司書の働きが見えるのが「レファレンス」であり「読書案内」である。『市民の図書館』が、この「読書案内」を含む「貸出」の基礎の上に「レファレンス」が築かれるとしたことはよく知られている。具体的には、〝貸出しが十分行われることによって、レファレンスの要求が生まれ、拡大する〟（同書、二二頁）のであり、〝貸出しぬきのレファレンスなどありえない〟（同書、三八頁）とまで記していた。

ところが、国民一人当りの貸出冊数が『市民の図書館』刊行当時（一九七〇年）の二〇倍以上になった二一世紀の初頭でも、司書の働きを見せる業務として図書館の現場では認識されているレファレンスや読書案内は、利用者（まして一般国民）の間に浸透していない。それを裏づけるのは、各種の図書館アンケート調査の結果(11)である。

いまやわが国を代表する市立図書館をもつ浦安市での来館者調査によれば、〝リクエストをしたり読書や調べものについて職員に相談する〟ことがよくあると答えた利用者が三二・六％であるのに対し、あまりないと答えたものは浦安市においてでさえ五二・五％に及ぶ。また、〝目的の図書・資料が探せなかったとき、次にどうしますか〟と問われて、〝職員に聞く〟と答えた利用者は五三・一％である。これらの数字は、日本の公共図書館のなかでも極めて高いほうの数字であることは言うまでもない。

他に、広島市立図書館での同様の来館者調査では、目当ての本が見つからなかったときにどうするかと問われ〝職員にたずねて見つかった〟と答えたのは二・三％にすぎず、〝あきらめた〟がもっとも多くて四三・一％となっている。また、武蔵野市（東京都）の調査では、一般市民のなかで

〝貸出を利用したことがある〟と答えた者が三五・六％であるのに対し、「リクエスト」は六・三％、「調査援助サービス」は五・九％にすぎない。

筆者が見る限り、他の多くの公共図書館でも貸出が普及しているのに比して、レファレンスは知られていないないし利用もされていない。レファレンス専用のカウンターを用意し司書も配置したが、利用が少なく平日は配置を見合わせている図書館をよく見かける。要は、貸出の伸びに比べて、レファレンス・サービスの認知度がほとんど高まっていないのが実態である。おそらく日本で最もレファレンス質問の処理件数が多いと思われる東京都立中央図書館は、利用者への直接貸出を行わない公共図書館であることが、上に指摘した『市民の図書館』のサービス構造の非現実性をよく物語っている。

こう書くと、『市民の図書館』は市町村立図書館の指針であり都立図書館を含む県立図書館の場合にはあてはまらないとか、東京都のように都内に貸出を行う市区立図書館が数多く存在する地域は例外だとか、反論される方もいるだろう。

だが筆者は、貸出を一切行わない市区町村立図書館がわが国に存在しない（すべての市区町村立は貸出をしている）以上、貸出を行わない都立中央図書館でレファレンス利用が多い要因を検討することは、十分に意味のあることだと考えている。というのは、この場合に問題となるのは、『市民の図書館』に見られる、先の〝貸出しが十分行われることによって、レファレンスの要求が生まれ、拡大する〟（同書、二二頁）という記述であり、さらに〝貸出しぬきのレファレンスなどありえない〟（同書、三八頁）という記述だからである。

『市民の図書館』が市町村立図書館を対象としたものであることは、筆者も当然承知しているが、この本の刊行から四〇年以上たった今日、〝利用者は市区町村立図書館から資料を借り出す一方で、貸出をしない都立図書館との使い分けをするから、都立図書館にレファレンス質問を数多く寄せるのだ〟という説明が、はたしてどれほど説得力をもつだろうか。そもそも、市区町村立図書館が直接貸出をしているのであれば、利用者は市区町村立図書館のほうにこそ、より多くのレファレンス質問を寄せていてもよいはずである。

筆者はこれまで多くの日本の図書館の現場に足を運び、実際にレファレンス・サービスの提供状況を視察し、ときにはそこにいる職員（必ずしも司書有資格者とは限らない）に資料に関する簡単な質問を繰り返してきたが、レファレンス質問を増やす最大の要因は、蔵書（とくに開架）の量と質であり、司書の能力とサービス意欲の高さであると確信している。これらが備わっていれば、その図書館の利用は貸出もレファレンスも増えるに違いない。

ただし、わが国では学校教育段階で図書館利用教育が十分なされていないため、図書館におけるレファレンス・サービスの存在が一般市民の間に浸透していない。そのため、一般に図書館の利用形態としてまず「貸出」が伸び、そのあとに「レファレンス」利用がやってくるという時間差を生じるのも事実である。しかしだからと言って、「レファレンス」を伸ばす必要条件が「貸出」を増やすことだけにあるのではなく、他に蔵書の質と量や司書の資質などにもあることを否定することにはならない。つまり、「レファレンス」を伸ばすためには「貸出」を増やすことが必ずしも十分条件とはならないのである。

仮に大阪市立中央図書館が一切貸出をしていなくとも、あれだけの開架冊数と職員の能力の水準があれば、レファレンス利用は多いはずだし、逆に東京都立中央図書館の蔵書と職員体制が貧弱であったならば、都内の市区立図書館の貸出冊数の多寡にかかわらず、都立中央でのレファレンス利用はこれほど多くならなかっただろう。

また、住民一人当たりの貸出数がきわめて多い町村立図書館では、確かにリクエスト件数や所蔵確認の問い合わせ件数が多いけれども、必ずしも調査研究のレファレンス利用は多くない。これはもともと大半の町村立図書館の資料費が少なく、こうした調査研究のためのレファレンスに耐えうるだけの蔵書を構築できていないからである。もちろん、地域資料や郷土資料関係のレファレンスはあるだろうが、この種の問い合わせは逆に貸出の多くない図書館でもそれなりにある。

つまり、『市民の図書館』が提起した運営方針は、司書がもつ専門性を活かした業務について、図書館界での仲間内の理解は得られたにしても、それを図書館界の外側や利用者に対してわかりやすく見せるような実践を多く導き出したとは言えない。貸出冊数を劇的に増やし、図書館のイメージを変えた功績は認められようが、バブル経済崩壊以前から相次いで開館した大規模開架スペースをもつ図書館を前にして、司書の働きは霞んでしまったのである。そこへ行政改革の波が公務員数の削減となって直撃し、一館あたりの司書配置数は減少し非正規職員が増加していく。ところが、開館時間の延長やコンピュータの導入による貸出冊数の制限緩和等もあって、貸出冊数は伸び続けた。そのために、いっそう司書の役割は見えにくくなってしまったのである。

結局のところ、『市民の図書館』が強調した「貸出」という機能は、それが本来もっていたはずの図書館機能全体への豊かな広がりをみせることはなかった。自治体関係者の間では「貸出」サービスが「貸出処理」作業と同一視されてしまい、司書の働きを周囲に理解させるうえでは、むしろ逆に作用した。これが九〇年代を経て二一世紀に入った今日の『市民の図書館』の収支決算といってよい。

4　図書館発展の構造を持続できるか？

次に『市民の図書館』が示す図書館発展の構造が、現代でも十分に通用するだけの持続性をもっているかどうか、といった観点から検討しておこう。

要求されたものを貸出すことが重要とされる仕事から、次にどのような新しいサービスを生み出すべきかを考える発展的・創造的なプロセスは見えてこない。本章第二節で紹介したような〝要求の価値判断をすべきでない〟という前提に立ったうえで、質を問わない「貸出」に重点をおくことは、揺籃期の図書館にとってわかりやすい経営方針だったに違いない。だが、その反面、利用者が「貸出」を通じてどのような「読書＝資料の読み」を行なっているのかに関し、図書館は総じて「判断停止」状態でいることを助長した。

これは個人の読書行為の内面に立ち入るようなプライバシーへの関与を言っているのではない。そうではなく、集団としての図書館利用者が館内外での図書館資料の読みを通じて、どのような目的を達成しようとしているのかを知ろうとする契機が失われたことを意味している。

すなわち「貸出」を強調する図書館経営は、本を使って調べること、読書を通じて考えること、種々の情報を知って判断すること、他人の思想や言説を理解すること、といった利用者の知的営みが、民主主義社会や地方自治体の課題解決にどのように結びついていくのか、その道筋に関心を寄せることを自ら拒んでしまったのである。もちろん当初『市民の図書館』の作成に関わった人たちは、多少なりとも、そうした道筋への関心はあったのかも知れないが、その後に『市民の図書館』を手本に図書館サービスを始めた各地の司書らにそうした発想や着眼点が定着したようには見えない。

そのため、その道筋をもっと明確に見えるようにするにはどのようなサービス形態がありうるのかとか、もっと効率よく実現するにはどんな情報技術が活用できるのかとか、あるいは、社会状況の変化とともにその道筋をどのような方向に転換していくべきなのか、といったオールタナティヴ（もっと別の選択肢）を探求する発展的・創造的な議論に結びつかなかった。出てくるのは、いかに「貸出」を伸ばすか、すなわち、いかに多くの利用者に図書館に来てもらい、たくさん借りてもらうかの戦術論である。

なぜそうなったのかは、『市民の図書館』が前提とする図書館発展の構造にある。『市民の図書

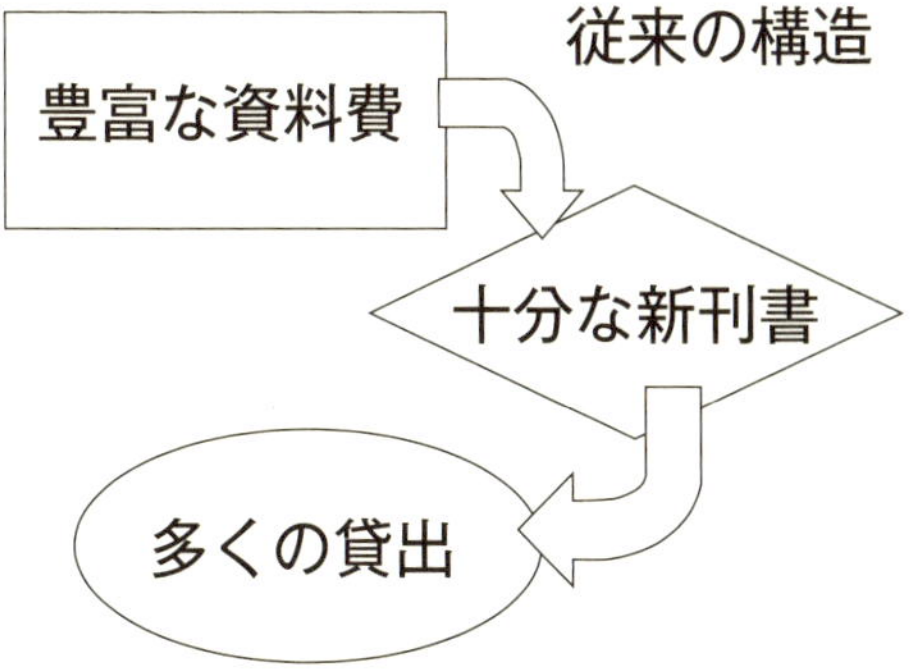

図8-1　従来の図書館サービスの発展構造

館』において貸出しを伸ばすための出発点は資料費の確保にあった。(図8－1参照) この資料費が十分にあってこそ、新刊書を豊富に用意することができ、貸出しを伸ばすことができるとされる。その考え方はけっして間違ってはいないし、資料費の増額は大いに望みたいところである。

しかし、日本社会が低成長もしくはマイナス成長の時代に入って、自治体予算の総額も減少するようになると、この資料費はおいそれと増えない。そうなったときに〝予算編成権をもつ首長は図書館に理解がない、理解がないから資料費が削られる、資料費が削られるから貸出も伸びない〟と利用が伸び悩む原因を他に転嫁し、それ以外の選択肢を考えようとしない姿勢でよいものだろうか。

仮に資料費の増額を求めるにしても、図書館が従来のサービス方針に新たな視点を盛り込まない限り、社会の反応は冷ややかなものだろう。そうした新しい発想や着眼点といったものを生み出す「余力」は、もはや『市民の図書館』に残されていない。行政改革や地方分権、自治体イノベーションをたたき込まれた役場・役所の幹部に〝図書館では四〇年前に刊行された『市民の図書館』の考え方が今後も大事です〟などと言ったら、〝こんなことを言っている人たちがいる限り図書館はダメだ〟、〝図書館で働く以前に地方公務員として失格だ〟と思われるのがオチである。

豊富な資料費に支えられ、読まれそうな本をそろえて、棚に並べて借りられていくのを待つ図書館の姿勢に、もはや現代社会は飽き足りないものを感じていることに気づかなければならない。

5　地域の情報拠点への進化に向けて

『市民の図書館』とそれに代表される「貸出」中心のサービスのあり方について批判的に述べてきた。当然、筆者は「地域の情報拠点」への進化を期待するものであるが、本章の第一節で指摘したように、それは〝これまでの図書館サービスの延長線上〟に位置づけられる。『市民の図書館』が示す運営方針を延長し「地域の情報拠点」へと進化させたところで、おそらく多くの利用形態は文芸書を中心とした「貸出」である。これは、例えば一〇〇人が来館したとしても、そのうちの半数以上、つまり五〇人以上は何らかの資料を借り出していく「貸出」利用を行い、それが引き続き主要な利用形態であり続けることを意味している。ただし、「貸出」を含めて利用にいたるまでの経路が『市民の図書館』のそれとは、だいぶ異なってくるはずだし、レファレンスの利用度はいま以上に高まるはずである。

かつてに比べ削減された資料費のなかで厳選して購入した資料一点あたりの利用量を増やすことが効率的な図書館経営につながる。それには書架に黙って並べておくだけではなく、それぞれの資料の用途にあわせて、配架方法やサイン表示にも工夫が要る。ここ数年の間に全国の図書館で時宜にかなったテーマ展示が司書手づくりのポップとともに見受けられるようになったが、これなどはそうした工夫の良い例である。

また、ビジネス目的の利用者にはこんな資料が使えるとか、子育てで悩んでいる若い親にはこんな特集記事が役立つとか、所蔵資料の有効活用を図る資料案内もずいぶんと見かけるようになった。この場合、図書、雑誌、新聞記事、地域資料といった、従来の資料区分にこだわる必要はない。利用者にとって役立つ情報であれば、それがどんなメディアに掲載されているかは関係ないからである。

こうした各種のメディアの組み合わせによって求める資料や情報へと案内する二次情報は、その図書館にとっての独自なコンテンツということになる。そこには、所蔵資料が単体でもっていた利用価値の総和を上回る付加価値が生じるはずである。しかも、そのコンテンツは「情報の探し方」といった印刷物のパスファインダーとしてカウンターに置いておくだけではなく、図書館のホームページに情報ナビのような形でアップしておけば、より多くの人の目に触れることになる。（図8－2参照）

このように課題解決につながる蔵書を収集し、その有効活用をうながす独自のコンテンツを作

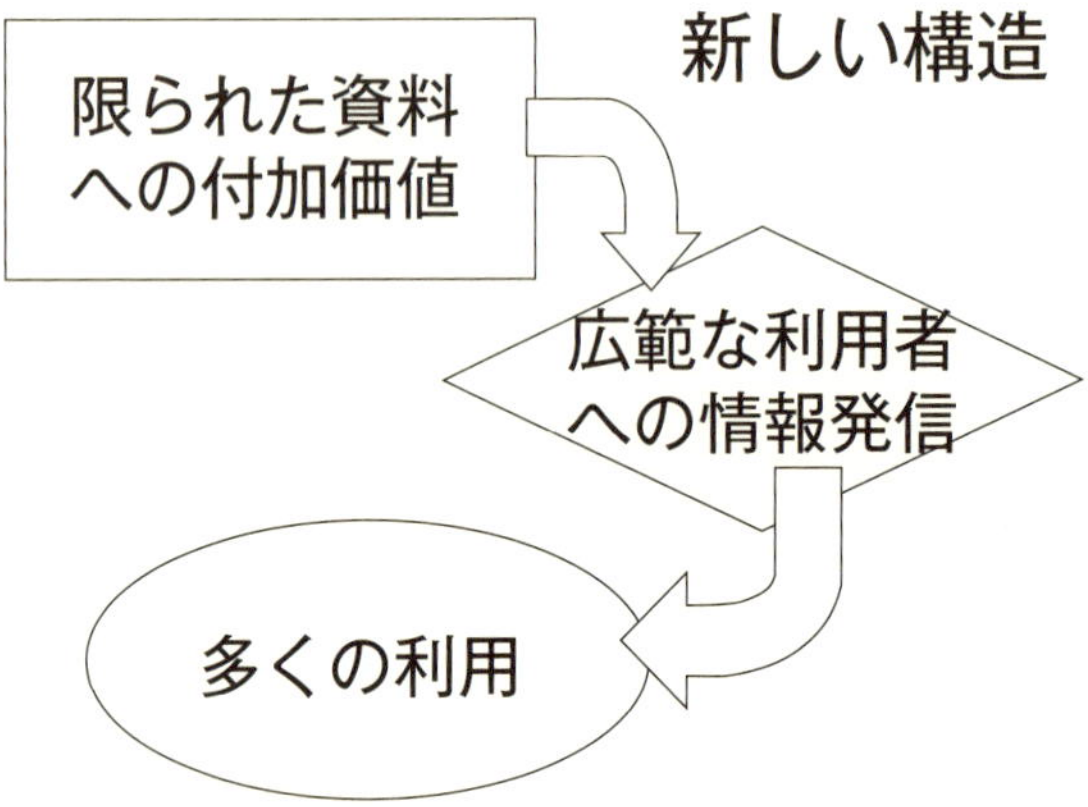

図8-2　新しい図書館サービスの発展構造

成・発信するプロセスでは、資料や情報源に関する知識だけでなく、それらを分類したり索引・メタデータ化したりする〝情報の組織化に関わるノウハウ〟(12)や利用者特性の理解など、司書の専門性が発揮されなければならない。

こうなったときに、その図書館サービスの利用形態は、はたして「貸出」に収斂するものだろうか。

仕事で必要な情報を探している人が図書館のホームページにアクセスして、上に述べた役立ちそうなコンテンツを見つけたとしよう。そこに案内されていた資料は書店では手に入りそうもないから、図書館に行ってみることになる。その資料が図書館に所蔵されていることは間違いないから、探し方がわからなければ職員に尋ねるだろう。書棚から引っ張り出して閲覧し、その他に、ホームページに紹介されていた図書や雑誌もついでに目を通していくことが考えられる。案内にしたがって、コンピュータで新聞記事データベースを検索してみてもよい。

最初から最後まで通読する必要はない資料がほとんどだから、そのうちの一部はコピーをとったりメモしたりする。じっくり読む必要があれば借り出すことになる。もっとも、期限内に返却しなければならないことを考えると、仕事に追われる人間は、できる限りその場で読んでいこうとする。結局、長時間図書館に滞在し、資料を読み漁り、司書にも尋ね、コピーも数枚とったが、一冊も借り出すことなく、満足して図書館を後にすることは十分考えられる。こうした仕事や日常生活上の課題解決に役立てる図書館利用をもっと増やそうと心がけるべきである。その結果は、必ずしも「貸出」という特定のサービスに収斂するとは限らないだろう。

実際に見かけた次の新聞記事での図書館利用は、まさにそうした課題解決型利用の典型と考えられる。その新聞記事[13]の見出しには〝骨髄移植。外泊時に図書館で探した治療法は妹の提供で実現した〟とあった。

本文の記事によれば、白血病をわずらって入院した男性が薬では治りきらず、外泊時にみずから図書館（この男性は塗装会社経営とあったので、この場合はおそらく公共図書館であろう）に行って治療法を探し、骨髄移植という方法を知ったというのである。この記事を読む限りにおいて、男性は図書館のおかげで命びろいできたと言ってよい。

さらに同じ日のこの新聞の投書欄には、図書館司書が「医学文献の無料公開を[14]」と題し、患者も気軽に利用できるような医学文献データベースの図書館への導入を提言している。この司書は、みずからの体験にもとづいて〝正しい知識は、患者に勇気と自信を持たせると実感した〟と書いている。

図書館というとこれまで「読書の場」のイメージが強く、趣味や教養、娯楽目的で利用される施設と思われがちであった。しかし、これらの記事での図書館利用は、まさに生活や生命に直接関わる情報入手のための利用であって、切実なニーズにもとづいている。こうした切実なニーズにもとづく利用を促し、地域にあって身近な窓口でこのニーズに応えうる公共施設が「課題解決型図書館」であり、「地域の情報拠点」なのである。

図書館は、自己責任型社会において、自立する個人を情報提供という側面から支援できることに自治体関係者はもっと目を向けるべきである(15)。そして、その実現に向けた道筋を、「貸出」以外のサービスや活動、例えばレファレンス・サービスやテーマ展示、さらには講演会やセミナーの開催、読み聞かせや読み語り、ビブリオバトルやワークショップの開催、他の公共施設との連携など多様な事業展開によって検討していくべきである。

6　「地域の情報拠点」としての課題解決型図書館

ここまで「課題解決型図書館」を提唱し、蔵書構築や雑誌・新聞・地域資料といった非図書資料をも含めた資料への付加価値と、最近の情報技術を活用した情報発信とを強調してきた。これが限られた予算と人員で「貸出」を含めた利用の総量を増やし、司書の専門性を内外に示すための最適のサービス・モデルと考えるからである。いまや過去に成功例が有るか無いかが問題なのではなく、いかに新しい成功のモデルを創り出していくかが問われている。

図書館がこの種の情報発信に適しているのは、単にさまざまな分野の図書を所蔵しているからだけではなく、雑誌や新聞、さらには地域資料や視聴覚資料とタイプの異なった幅広い情報源を収集しているからである。しかも、司書を中心とした永年の体系的な選書と保存体制により、書店や消費者向けの情報機関には見られない知識の厚みをもっている。これらにより、それぞれの図書館ならではのオリジナルなコンテンツを作り上げることができる。つまり、他の図書館資料と組み合わせることで、その資料が単体でもっていた価値に加えて、新たな「付加価値」を生み出すのである。

このように考えれば「地域の情報拠点」とは、地域住民が直面する日常生活上の課題や地方自治体が抱える地域の行政課題などの解決の手がかりが得られる「身近な情報拠点」という意味合いと、地方自治体の情報公開制度とあいまって行政資料や地域ゆかりの資料・情報の蓄積を独自に保有する「地域情報の拠点」という意味合いの二つを併せ持つことになる。そして、課題解決型図書館は、この前者に力点が置かれた表現と考えるべきである。

ここで強調されるべきことは、ビジネス支援や子育て支援、高齢者支援、患者支援といった地域の課題解決に向けた選書と蔵書のあり方であり、その蔵書と利用者を結びつける司書の働きである。さらに付け加えるならば、これらを効率よく機能させるために情報技術の積極的な活用を伴うことにもなる。その結果、サービス形態は「貸出」にとどまらず、閲覧、読書案内、レファレンス（調査相談）、複写、イベント参加と多様化し、蔵書構築と情報組織化という面で司書の働きがこれまで以上に見えやすくなるはずである。その意味で「地域の情報拠点」は、これまでの図書館サービスの延長線上に位置しながら、利用形態の多様化を促し、貸出を含めた資料利用の総量の増大をもたらすよう、業務とサービスの構造を転換させるものなのである。

注・引用文献

（1）文部省生涯学習審議会図書館専門委員会『図書館の情報化の必要性とその推進方策について――地域の情報化推進拠点として（報告）』四五頁。一九九八年一〇月二七日。

（2）『市民の図書館』増補版、日本図書館協会、一九七六年。以下本章では、『市民の図書館』からの引用に関してこの増補版を用い、該当ページのみを表示している。

（3）文部省地域電子図書館構想検討協力者会議『二〇〇五年の図書館像――地域電子図書館の実現に向けて（報告）』三七頁。二〇〇〇年一二月二一日。

（4）日本図書館協会町村図書館活動推進委員会『図書館による町村ルネサンス　Lプラン21－21世紀の町村図書館振興をめざす政策提言』日本図書館協会、二〇〇一年。

（5）図書館をハブとしたネットワークの在り方に関する研究会『地域の情報ハブとしての図書館――課題解決型の図書館を目指して』文部科学省、一七六頁。二〇〇五年一月二八日（http://www.mext.go.jp/a_menu/shougai/tosho/houkoku/05091401.htm）

（6）例えば、二〇〇二年一一月七日にNHK総合テレビの全国放送「クローズアップ現代」は「ベストセラーをめぐる攻防～作家vs図書館」を放映した。また、二〇〇三年九月には日本図書館協会の機関誌『図書館雑誌』が「[特集]対論・図書館活動と出版文化を考える」を組み、同年一〇月二二日に日本図書館協会と日本書籍出版協会が共同で実施した公立図書館貸出実態調査の結果を日本図書館協会会館で記者発表している。さらに、翌二〇〇四年三月に同調査の最終報告書『公立図書館貸出実態調査二〇〇三　報告書』(http://www.jla.or.jp/portals/0/html/kasidasi.pdf)が公表されている。

(7)　このイベントの記録は、次に刊行されている。また、あわせて本書の「あとがき」をも参照されたい。『ディスカバー図書館二〇〇四　図書館をもっと身近に暮らしの中に』日本図書館協会、一二八頁＋xi、二〇〇四年。

(8)　伊藤昭治、山本昭和編著『本をどう選ぶか——公立図書館の蔵書構成』日本図書館研究会、一五一頁、一九九二年。

(9)　津野海太郎「市民図書館という理想のゆくえ」『図書館雑誌』九二巻五号、三三六—三三八頁、一九九八年。

(10)　国立教育政策研究所社会教育実践研究センター『図書館及び図書館司書の実態に関する調査研究報告書——日本の図書館はどこまで「望ましい基準」に近づいたか』二〇〇四年(http://www.nier.go.jp/homepage/syakai/chosa/houkokusyomokuji.htm)。他に、文部科学省「霞が関だより」(第一一回)『図書館雑誌』九八巻八号、五一七頁、二〇〇四年．にも同じ結果が紹介されている。

(11)　日本図書館協会『図書館における自己点検・評価等のあり方に関する調査研究　報告書』(平成一四年度文部科学省委嘱調査研究)二〇〇三年。

(12)　前掲(1)の報告書、四頁では、このノウハウについて次のように説明されている。〝例えば、目録、分類、索引など資料や情報を効率的に組織化・提供するためのシステム化や、資料について専門知識を持った司書による利用者の要望に的確に対応できる技能など〟。

(13)　朝日新聞、二〇〇四年三月六日朝刊「移植医療のいま①」。

(14) 朝日新聞、二〇〇四年三月六日朝刊「私の視点・ウィークエンド」。

(15)「特集・公共図書館のミライ」『月刊ガバナンス』通巻二〇八号、二〇一六年八月。

第九章　地方自治を担う図書館専門職のあり方

糸賀　雅児

1　行動する司書

二〇一一年三月一一日東日本大震災が起きた直後からメーリングリストやツイッター上で、各地の図書館員から〝いま図書館にできること〟をめぐる投稿が相次いだ。当初はずいぶんと気負った提案も見られたが、徐々に被災者支援をはじめとした図書館による現実的な情報提供の手法について建設的に議論が交わされ、そのうちのいくつかは実行に移されたようだ。阪神淡路大震災を知る図書館員から、体験者ならではの投稿が書き込まれたことも見逃せない。

しかし、司書の多くがこうした議論に積極的に参加したわけではなく、大多数は初体験の大災害に衝撃を受けたこともあって、議論の成り行きをじっと見守っていたにすぎない。もちろん、そうした議論とは無縁に、自己の業務と被災者とのつながりを、はるかかなたを見遣るように漠然と考えただけの司書も少なくないと思われる。

こうした未曾有の災害に直面して、地方公務員としての司書はどう行動すべきか、今後、機会あるごとに議論されるだろう。ただ、非常時のみならず平時においても、地方自治や地域社会への貢献について、図書館の外側にいる人びととうまくコミュニケートしながら真摯に考え、発信し、行動できる司書は一朝一夕には育たない。とは言え、現行の司書資格を基軸に、自治体行政やまちづくり、地域再生と結びつく図書館活動を構想でき、周囲からも高い評価と信頼を得る司書集団をいかに組織していくのか、それは地方自治を担う図書館専門職にとって大きな課題である。

2　問題の背景――図書館労働市場の変化とキャリアパスの必要性

男女を問わず個人のライフサイクルのなかで、進学（退学）・就職（転職）・結婚（離婚）・出産・育児・親の介護といった人生の節目は、もともと大きな位置を占めていた。そこに、長寿化・晩婚化と人生観・価値観の多様化が進んだことで、以前と異なり、人によってはこれらの節目を、時間をおいていく度か繰り返すようになってきた。終身雇用制の崩壊は、その典型例である。

この事実は就業機会や労働市場のあり方、そして教育機関を含めた社会資本の需給バランスを考えるうえで無視し得ない要因となる。また、多くの職場・職種において、人件費を削減し、組織体の維持を図るねらいから、正職員の他に、非常勤や臨時、派遣、契約、委託など、多様な雇用形態の職員が混在して配置されるようになっている。

雇用の多様化は、民間企業だけでなく、地方自治体の組織や施設においても同様に見られ、役所は公務員だけが働く場所ではなくなっている。受託事業者（地方自治法による公の施設の指定管理者を含む）ひとつをとっても、財団や公社の他に民間事業者が数多く参入しているし、特定非営利活動法人（ＮＰＯ）へも広がりを見せている。そして、そこで働く人びとの雇用と待遇は、総じて不安定で格差も大きく、〝官製ワーキングプア〟とまで言われている。

その一方で、情報技術の進展は、いったん習得した知識やスキルの陳腐化をいやがうえにも加速させてきた。したがって、個人の職業生活を考えても、多様な教育（学習）機会と就業機会が用意される必要があり、経済圏域と人的交流のグローバル化まで考え合わせれば、そうした機会へのニーズとして幅広いものを想定しなければならない。このような意味で、教育と職業の関係、あるいはひとつの労働市場における人材の需要と供給の関係、を単純なモデルで描き出すことは難しくなってしまった、と言える。

業務のアウトソーシングが進み、女性が多い図書館という職場ではなおさらである。加えて、団塊世代退職者の図書館での再雇用は着実に増えており、ボランティア活動の場を図書館に求める人びとも少なくない。それだけに、図書館の専門職として図書館での仕事を続けながら、その業務内容と個人の価値観、そしてライフステージに応じて、司書自身が能力開発を心がけ、成長し続けるためのキャリアパス形成が急がれる。しかも、そのキャリアパスは単線型であってはならず、流動的で不安定な雇用実態に、そして都市と地方の地域間格差に合わせ、柔軟性を備えていなければならない。(1)

図書館労働市場に明らかな変化が見られるようになった二〇〇八年、図書館法第五条が改正され、〝大学において図書館に関する科目を履修したもの〟が図書館専門職、すなわち司書養成の前面に押し出されることとなった。また、これを契機に文科省令科目も改訂され、司書資格の取得に必要な単位数も二〇単位から二四単位に増加された。その意味では図書館専門職養成の新しい段階を迎えたことになるが、これまでのところ多くの大学関係者は新科目への移行に関心を奪われており、法第五条第一項の一号と二号の入れ替えに実質的な効果を見出すことは難しい。

そして何より、わが国の司書養成における最大の問題点である

①司書資格を取得しても図書館に就職しにくい

②司書に対する社会的評価が低い

の二点は、こうした法改正や科目改訂によっても解決される気配はいっこうにない。筆者が以前に指摘したように、本来、図書館専門職は現行の司書課程を存続させつつ、欧米にならって大学院修士課程にその主軸を移すべきである(2)。にもかかわらず、現行の短大・大学での資格付与を前面に押し出し、そこでの単位増を図ったため、二〇〇八年改正によりその道がかえって遠のいたことは間違いない。

ただ、一連の改正のなかで唯一評価できるのが、大学での資格取得を司書のキャリア形成の「入り口」として位置づけることが明確にされた点である(3)。これによって、資格取得後に各種の研修と実務経験を積み、そうした研鑽努力に対する公的な評価を受けてこそ、真の図書館専門職が育つと

いうキャリアデザインの考え方がより鮮明になった。

これに呼応するように、二〇〇八年改正では、司書及び司書補に対する研修の努力義務が文部科学大臣及び都道府県教育委員会に課せられるようになった（図書館法第七条）し、社会教育関連三法での「補」資格間の共有化（図書館法では第五条第一項三号のハ）も図られるようになった。特に研修に関しては、司書の研修受講が奨励されることを意味しており、文科省生涯学習政策局に設けられた図書館協力者会議がこの法改正と前後して『図書館職員の研修の充実方策について（報告）』(4)を発表し、そのなかで司書のキャリアパス形成に向けての研修の体系化を具体的に提案している。

こうした一連の国の図書館行政の流れを踏まえたうえで、以下ではキャリアデザインの視点から地方公共団体で働く図書館専門職のあり方を論じることとしよう。

3　司書のキャリアデザインの必要性

多くの図書館関係者が司書の資格付与のための教育だけを図書館情報学教育とみなしがちであるが、司書にとって図書館勤務後も継続的に学ぶことが重要であり、本来の図書館情報学教育は現職者の再教育や図書館利用教育も含まれる、もっと広範囲のものである。

現行の図書館情報学教育は、おおむね以下の四つの領域に分けられる。(5)

A：新規の司書資格付与のための教育（司書課程中心）
B：学問領域としての図書館情報学教育（大学院での研究者養成を含む）
C：図書館利用教育（一般学生・市民を対象とした情報リテラシー教育）
D：現職図書館員の再教育（職員研修を含むリカレント教育）

わが国では、これら四領域のうちAに力点が置かれてきたと言える。ただし、Cを考えれば、短大を含め司書の養成が各地で大量になされていること自体は悪いことではない。問題は、その後に真の意味での専門職養成にいたるキャリアパスが用意されていない（キャリアデザインの視点がなかった）点にあり、大量生産された司書を能力とライフステージに応じて適切に振り分ける社会的な仕組みが整備されていない点にある。

さらに、司書の社会的評価を高めるためには、当然のことながら図書館の外側の世界にアピールしなければならない以上、世の中の動向に合わせた議論の枠組みも必要でもある。「司書の専門性」を訴えるならば、身内にしか通用しない論理で主張しても無意味であって、少なくとも外形的には「職能一般としての専門性」を備えた教育及び研修の体系を構築していかなければならない。この点は、地方自治体で働く司書であっても例外ではない。

したがって、司書を養成する立場にある図書館情報学教員にとっての関心事は、省令科目の変更内容であろうが、実は司書課程や司書講習で何を（what）何単位（how many）教えるかよりも、司書のキャリア形成という、より長期のプロセスにおいて何を（what）いつ（when）どのように（how）学ばせるか、しかもそのコストを誰が負担するのかのほうがはるかに重要な問題なのである。さらには、その教育の意義と効果を外部の人々も認めるような形で制度設計することが求められていると言える。

こう書くと〝だったら司書資格取得者が年間一万人を超えるほど容易な資格であるから社会的評価が高まらないのであって、司書課程を淘汰し、もっと人数を減らせばよい〟といった声が聞かれそうである。しかし、そうではないこともキャリアデザインの視点から浮かび上がってくる。

図書館という職場に多様な雇用形態の職員が働いていることは、すでに触れたとおりである。特に現代社会では、個人のライフステージの観点からも二〇歳前後の学生時代に取得した資格だけで、生涯にわたるキャリアを形成することはむしろ稀なのであって、その後の本人の意欲と学習機会によってさまざまな職業と雇用形態を選択できるチャンスが保障されているべきである。

その意味で、司書の資格は選択肢の一つを提供するものであって、図書館界全体のパワーを低下させないためにも、これに関わる教員集団と資格取得者の集団は大きい（絶対多数）ほうが望ましいと言える。ところがキャリアデザインの視点を欠いていたために、この資格が「入り口」にすぎず、その後に各種の研修と実務経験を積み、能力評価による選別を経てこそ、真の意味での専門職（相対少数）が育つという考え方が浸透してこなかった。つまり、資格取得者が多すぎることもさることながら、職業としての司書（あるいは、職場としての図書館）に対する考え方が人によって多様で濃淡があり、プロフェッショナル志向で職業人としての司書の道を歩もうとする向上心旺盛な有資格者もいれば、とりあえず好きな本と関われる仕事に就けただけで満足する有資格者もいる。さらには地域によって採用や配置の状況も異なっているにもかかわらず、資格は単一で養成経路もほとんど多様化してこなかったことのほうが問題視されなければならない。

それを裏付ける例として、しばしば図書館の現場から養成機関（大学・短大）に対して「即戦力となる司書を教育してほしい」との要望が出されることを挙げておく。そのような要望はほとんど「無いものねだり」に近いのであって、図書館に限らず、ほとんどの職場で大学出たてが「即戦力」になっているケースなど無いはずである。そうであるにもかかわらず、司書資格をとった人間にはこれ以上の資格取得に向けた教育機会が制度化されていないために、専門職として一人前であるとみなされ、周囲もそう期待することになる。こうした誤った期待をされないためにも、司書養成制度を改めてキャリアデザインの視点から設計し直す必要性を感じるのである。もちろんその場合でも、司書資格を取得することが出発点となるのであって、その意味では法第五条に規定される司書資格は、改正後も「入り口」での通行手形の役割を果たし続けることに変わりはない。問題はそのあとである。

4　キャリアパスとしての認定司書制度――「節目」でキャリアをデザインする

この問題に焦点を合わせるように、先の文科省報告にも「図書館職員のキャリアパスのための研修のモデル」が示されているし、同じ頃に公表された全国公共図書館協議会による研修に関する報告書(6)でも「キャリアパスに合わせた研修モデル」として一つの章が設けられている。こうしたモデル化は意味のあることだが、上で触れたような雇用形態の多様化と地域による状況の差異を考えれば、実際には単一のモデルで表現するには限界がある。全公図報告書も「まとめ」の項で、〝多様な身分・立場の職員が受講することのできる、きめ細かい研修モデルの構築〟を今後の課題として指摘しており、図書館情報学教育に携わる人びとがこの課題にどう向き合うかが問われている。

キャリアデザインの考え方が鮮明になったとはいえ、現実の司書の世界では、司書職採用か事務職採用か、正規か非正規かの雇用形態の違いはもとより、個人の価値観や家族構成、ライフステージ等のワークライフ・バランスにもより、多様なキャリアパスが想定される。先に紹介した文科省の協力者会議報告では、「図書館職員のキャリアパスのための研修のモデル」として三つのモデルが挙げられている(7)。また、全国公共図書館協議会の報告書でも、自治体に司書として雇用され図書館内でキャリアを重ねる者、自治体に行政職として雇用され数年間図書館業務に従事する者、司書資格をもち自治体に非正規雇用される者など、それぞれに異なった多様なキャリアパスが想定されるとしている(8)。

そこで、地方自治体での雇用状況と司書の労働市場の現状を考えれば、多様性と柔軟性を備えたキャリアパスが求められるわけだが、公益社団法人日本図書館協会（日図協）が実施する「日本図書館協会認定司書制度」は、こうした条件を満たすものとして構想された(9)。すなわち、国立教育政策研究所社会教育実践研究センターが毎年二週間にわたって開講する「司書専門講座」のような全国規模の研修から、一自治体で企画・運営される図書館職員研修にいたるまで、幅広い研修がポイントに換算され、一定のポイント（二〇ポイント）の取得を申請の条件としている。ここで重要なことは、そのポイントが研修受講に限定されることなく、以下のような多様な研鑽項目から構成されている点であり、司書本人の雇用形態や地域差などの多様性に配慮したものとなっている。

・研修受講　　　・図書館勤務歴
・社会的活動　　・研究集会等での発表
・講師経験　　　・大学院での学位取得
・著作　　　　　・その他

ただ、多様性と柔軟性を備えているにしても、司書の職業人としての「節目」において、キャリアデザインの視点は不可欠となる。すなわち、就職して少しは周囲が見渡せるだけの余裕ができたり、後輩や新人を指導したりするようになったり、あるいは管理職に昇格しようとする「節目」である。実際、広く職業人全体のキャリアデザインを論じる金井壽宏は〝われわれがデザインできるのは、せいぜい節目や大きな選択のポイントである〟としたうえで、「節目」で個々人のキャリアをデザインする必要性を論じている[10]。

つまり、日本図書館協会による認定司書制度は、資格取得で「入り口」を通過した司書が、まさに自己のキャリアの「節目」で、今後の図書館人生の方向性を自他ともに確認し、それを宣言する機会であると言える。しかも、そうした「節目」は、実務経験上の「節目」だけでなく、長期研修・指導者研修の受講、社会人大学院での勉学など、自己啓発を含めた多様な研鑽の機会によってもたらされるようにもなっている。キャリアパスはけっして単線型なのではなく、複線化しているのである。

なお、この認定司書は第六期の認定（二〇一六年四月一日付認定）までで、全国一一六名（認定更新一名を含む）を数えている[11]。これまでの申請者総数は延べ一四八名（同一人であっても、繰り返し申請することができるため延べ数となる）で、単純な認定率は七八・四％（＝一一六名／一四八名）となり八割をやや下回っている。著作を含めた提出書類にもとづき、図書館長経験者や学識経験者などから構成される審査会が一人の申請者に対し、複数審査員による厳格な審査を行っているため、申請しさえすれば誰でも認定されるほど甘くはない。

一一六人の内訳は女性六五人、男性五一人で、認定時の平均年齢は四六・三歳。主な勤務地と勤務館種は表9‐1のようになっており、北海道から九州まで全国に広がり、県立図書館よりも市立図書館に勤務する司書が多い。

表9-1　認定司書116人の主な勤務地と勤務館

勤務地／勤務館	北海道・東北	関東	東海・中部	近畿	中国・四国	九州・沖縄	全体（人）
町村立	1	0	1	3	1	3	9
市区立	5	26	17	15	2	5	70
都道府県立	2	13	4	10	6	2	37
合計（人）	8	39	22	28	9	10	116

日本図書館協会の二〇一五年度及び一六年度の事業計画においては、「認定司書制度の普及・拡大」が両年度とも重点事業の一つに掲げられ、〝図書館活動の中核をなす司書の社会的地位の向上と能力の向上をめざすとともに、図書館の発展に資することを目的にして設けられた認定司書制度をさらに充実・発展させるために、認定司書の働きぶりを紹介し、研修講師等活躍の場をひろげるなど制度の普及・拡大に努める〟(12)とされている。

ちなみに二〇一三年に認定司書制度のロゴマークを公募したところ、全国から一七二点もの作品が寄せられた。その中から最優秀作品一点を選び出し、制度の普及・拡大に役立てようとしている。実際、このロゴマーク（図9-1）をデザイン化した「認定司書バッジ」と「名刺用シール」を作成し、認定司書全員に配布し、活用していただいているところである。

5　イギリスと日本の図書館専門職認定制度

日図協の認定司書制度は、わが国固有の図書館法制と司書資格制度

（パターンA）　　（パターンB）

図9-1　認定司書ロゴマーク（実際の色はブルー）

にもとづき、二〇〇二年度から特別検討チームによって検討が始まったものである。その意味では、わが国に固有の制度と言ってよいのだが、制度設計の思想や枠組みは、図書館の「本家」ともされるイギリス図書館情報専門職協会 Chartered Institute of Library and Information Professionals（CILIP）の資格認定制度と似た側面をもっている。図9－2は、イギリスと日本の図書館界における認定制度を、概ね対応するよう並置したものである[13]。

イギリスの制度では、まず専門職キャリアの最初の段階で Certification が用意されている。このレベルでは、必ずしも専門分野（図書館情報学）の学位取得が要求されず、図書館等の実務を通じて知識やスキルを獲得した者も対象となる。その後、多くの実務経験を通じて十分な知識とスキルが備わっていることがポートフォリオ（後述）で評価されると、ようやく情報専門職として登録（Registration）レベルの Chartership に進む。

日本では、図書館専門職への「入り口」とされる司書資格の取得に相当するのが、始めの Certification のレベルと考えられる。そして、評価プロセスや認定条件にきめ細かさの差異は認められるもの

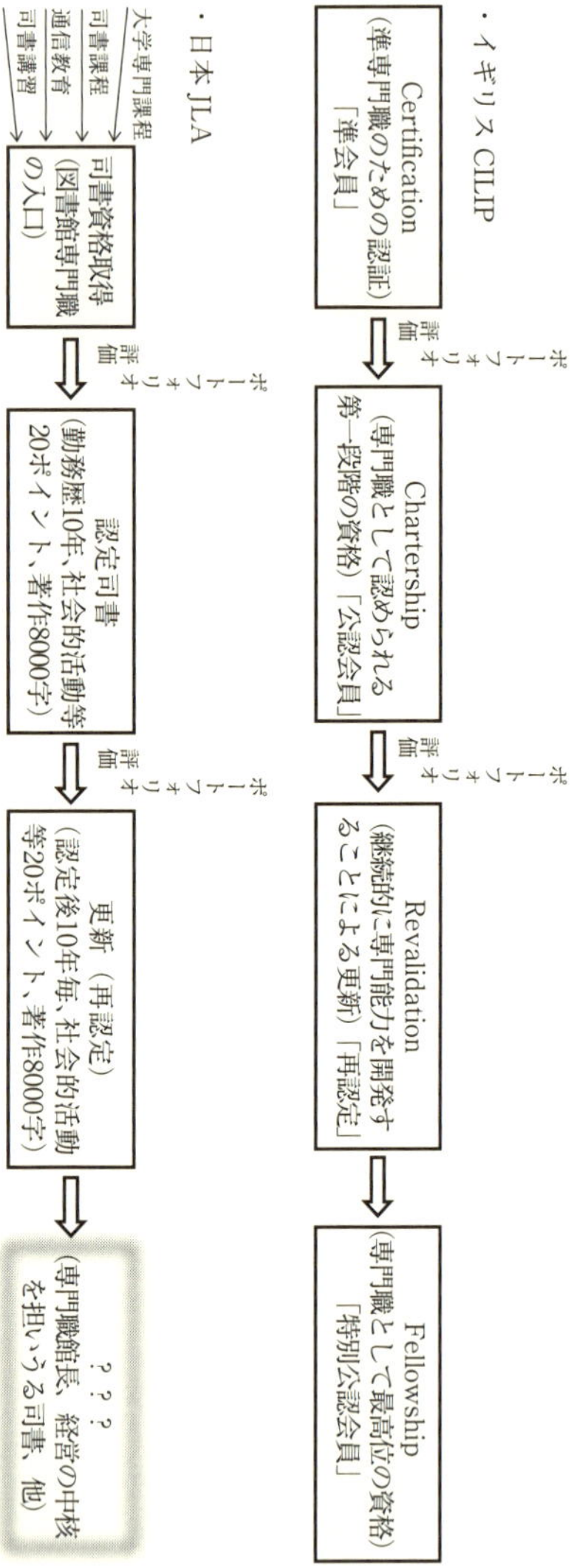

図9−2　日英における図書館専門職認定の枠組み
（出典：CILIP 公式サイト及び注 14 の文献をもとに筆者が再構成した。）

の、いちおうCharteshipが日図協認定司書に相当するだろう。日本の司書資格が大学・短大の通学課程での単位取得のみならず、通信教育や司書講習でも取得でき、そのうえ、図書館職員の雇用形態の多様化が進むなど、良きにつけ悪しきにつけ「多様性」を備えている点では、イギリスの枠組みと似通っているのである。その先に、どちらの制度においても、一定の時間を経て再認定(Revalidation、更新)されるスキームが用意されている点も同じである。

さらにCILIPの制度では、専門職として継続的な能力開発に努め、広くその貢献が認められると、最高位の資格であるFellowshipに認定される。日図協の制度では、スタートしてから六年しか経過しておらず、認定司書を「更新」する者が二〇一六年四月一日時点で一名しか現れていない段階であり、その先の名称を設けるまでにいたっていない。

ただ、ひとつ日英の比較に際して付け加えておくと、イギリスの制度では、認定されることがCILIP公認会員(Chartered Member)の条件とされている。日本の認定司書制度は、公益法人としての日図協が実施しており、図書館振興を通じ広く社会への貢献をめざすことから、認定の対象は日図協会員に限定されていない。

さて、イギリスの認定制度を紹介した呑海沙織は、「資格のジレンマ」(資格とは、時代とともに流動化すべき評価軸を敢えて固定化して機能させようとする)を指摘し、このジレンマを緩和するため、CILIPではペーパーテストではなく、「ポートフォリオ評価」が導入されたと説明している。(14)

ポートフォリオ(portfolio)とは、〝持ち運びできるように書類等を入れる書類入れや紙ばさみ〟

を意味し、ここから派生したポートフォリオ評価は〝学習における個人能力の質的評価方法であり、学習者が学習過程において作成したものや獲得したものを収集・選択・蓄積し、自己ないし他者が評価する〟方法だとされる。(15)

日図協認定司書制度で、このポートフォリオ評価に当たるものが先に紹介した「社会的活動等」のポイントである。各種研修の受講経験、講師経験、図書館関連団体の役職経験、学協会等での講演・発表経験等を一定の基準にしたがってポイント化し、申請時の直近一〇年で二〇ポイント以上を要件としている。認定されるためには、この他に「図書館勤務歴一〇年以上」と「八〇〇〇字以上の著作」が必要ということになる。

この種の認定審査としては、結構高いハードルが設けられているように感じる方もいるだろうが、司書の社会的認知を向上させるには、やはり一定の質が担保される仕組みにしておかなければならない。その結果が六期で一一六名、認定率七八・四％という数字に表れているのであり、個人的には妥当な制度設計だったのではないかと考えている。

実際、専門的な知識や経験が必要とされる領域で実務に就いている専門家を対象に、わが国のいくつかの資格認定では、このポートフォリオ評価が導入されている。例えば、図書館界では、先行するＮＰＯ法人医学図書館協会によるヘルスサイエンス情報専門員の認定評価の一部に、これに近い考え方が取り入れられている。(16)

6　司書の社会的責任

もちろん、日本図書館協会による認定司書制度が普及すれば、それで直ちに司書の社会的認知が高まり、地方自治体における安定的な雇用が確保されると安易に考えているわけではない。しかし、本章で紹介してきた二〇〇八年の文部科学省協力者会議の報告書や同じ年の全国公共図書館協議会の報告書が、そろって指摘するような司書のキャリアパスの必要性を考えれば、その節目を成し通過点をも成す「認定」は不可欠である。少なくとも、自治体正規職員としての司書の配置が減少するなかで、「必勝」とは言えないまでも「このまま負け続けない」ために打つべき一手であることは間違いない。

ところが、司書を専門職として採用する制度がある自治体の司書のなかには、残念ながらこの種の認定の必要性を感じていない方がいるようだ。しかし、自治体の内部関係者に対して、専門職としての司書にもこのような評価軸があることを示し、さらには「意欲をもたない司書」「責任を感じない司書」に向けて新しい風を吹き込む意味からも、むしろ率先して認定司書に挑戦してもらいたい。司書の「社会的責任」とは、自らが働く自治体に対して負うだけのものではないはずである。

言い換えれば、認定司書になることで直ちに個人的な利益を期待することは難しいのであって、むしろ利用者や館界にとっての間接的な利益につながり、本人にとっては充足感とわずかばかりのプライドをもたらすものでしかないと考えるべきだろう。その意味で認定司書制度は私的な利益をめざして成り立つ制度というよりも、公共的な利益をめざすところに成り立つ制度と考えられる。いわば利己主義というより、利他主義の原則に立つのであって、それが図書館という非営利の社会組織の基盤でもあろう。

ちなみに、認定司書審査規程には(17)、こうした公共的な利益とか利他主義とかについて言及した規定は見当たらないが、実は「審査要件」を条文化した第一二条で〝過去一〇年間に「図書館員の倫理綱領」等に違反していないこと〟が要件の一つとして挙げられている。さらに「認定司書の倫理」とした第一六条では、認定された司書に対し「図書館員の倫理綱領」の遵守が明記されている。

一般に、図書館員の倫理というと、利用者のプライバシー保護や選書の中立性などをイメージしがちだが、ここでは「図書館員の倫理綱領(18)」の前文が次のような書き出しで始められている点に注目したい。

この倫理綱領は、「図書館の自由に関する宣言」によって示された図書館の社会的責任を自覚し、自らの職責を遂行していくための図書館員としての自律的規範である。

すなわち、ここでは図書館員に図書館の「社会的責任」を自覚することを求め、そのための自律的規範として倫理綱領を定めることが明示されている。そして、その綱領本文では「研修につとめる責任」として〝第6　図書館員は個人的、集団的に、不断の研修につとめる〟とある。ここでの〝図書館員〟とは、図書館に働くすべての職員のこととされるから、司書資格をもって働く職員であれば、なおさらのことであろう。

つまり、司書資格をもって図書館に働く職員には、その雇用形態のいかんに関わらず「社会的責任」を自覚し「研修につとめる責任」がある。こうした責任感をもって十年以上も図書館で働き続けたのであれば、それを自分が勤務する図書館の利用者や当該自治体の関係者だけでなく、広く外部の人間にも理解されるように表出させることは、税金によってまかなわれる研修を受けてきた以上、納税者に対する説明責任（accoutability）の一端を果たすことに通じる。

例えば、日本図書館協会発行の「図書館員の倫理綱領」解説には、アメリカ図書館協会の「倫理綱領」も訳出されている。その最後には、次のような一節が見受けられる。(19)

われわれは、われわれ自身の知識や能力を維持し、増進し、同僚の専門的発達を激励し、さらに将来図書館員となる可能性のある人びとの志望を育成することによって、図書館員全体の高い水準の維持に努める。

認定司書制度とは、研鑽努力を積んだ司書への「ご褒美」なのではなく、確かな職業倫理と社会的責任に支えられ、ちょっぴりプライドをもった司書の「見える化」ということなのである。この

「見える化」を図らないと、地方自治体の人事政策において「司書」という資格は「規制緩和」のかけ声のなかに埋没するだけであろう。

注

（1）大埜浩一（当時、京都大学附属図書館事務部長）は、専門職としての大学図書館員にとって、資格、立場、経験を問わないオープンな視点からのキャリアパス形成が必要であることを指摘している。大埜浩一「大学図書館員の能力開発とオープン化」『現代の図書館』四四巻、二号、七六－八一頁、二〇〇六年。筆者は、公立図書館員にとっても、ほぼ同様と考えている。

（2）糸賀雅児「図書館法二〇〇八年改正の背景と論点」日本図書館情報学会編『変革の時代の公共図書館――そのあり方と展望』勉誠出版、二〇〇八年、五七－八二頁。

（3）これからの図書館の在り方検討協力者会議「司書資格取得のために大学において履修すべき図書館に関する科目の在り方について（報告）」二〇〇九年、三頁。(http://www.mext.go.jp/component/b_menu/shingi/toushin/__icsFiles/afieldfile/2009/09/16/1243331_2.pdf)

（4）これからの図書館の在り方検討協力者会議「図書館職員の研修の充実方策について（報告）」文部科学省、六四P、二〇〇八年。(http://www.mext.go.jp/a_menu/shougai/tosho/teigen/08073040.htm)

（5）糸賀雅児「第二九期図書館学教育部会の発足にあたって――図書館学教育の適正なバランスを」日本図書館協会図書館学教育部会会報、六七号、一－二頁、二〇〇三年。

（6）全国公共図書館協議会『公立図書館における図書館職員の研修に関する報告書』二〇〇八年．(http://www.library.metro.tokyo.jp/zenkoutou/tabid/2273/Default.aspx)

（7）前掲（4）別紙二、三二頁を参照。

(http://www.mext.go.jp/a_menu/shougai/tosho/teigen/08073040/005.htm)

（8）前掲（6）第四章、七五頁を参照。

(http://www.library.metro.tokyo.jp/Portals/0/15/pdf/2007_chap04.pdf)

（9）糸賀雅児「認定司書制度の開始にあたって」図書館雑誌、一〇四巻、七号、四二三―四二六頁。二〇一〇年、および糸賀雅児「認定司書制度のこれまでとこれから」図書館雑誌、一〇九巻、六号、三六一―三六三頁、二〇一五年　を参照。

（10）金井壽宏『働くひとのためのキャリア・デザイン』ＰＨＰ研究所、二〇〇二年、一二〇頁。

（11）認定司書全員の名簿と関心領域は、日本図書館協会の公式サイトに置かれる認定司書事業委員会ページで閲覧できる。なお、認定司書が不在の県は、青森、岩手、山形、栃木、富山、福井、広島、山口、徳島、香川、愛媛、佐賀、長崎、沖縄の14県である。（二〇一六年四月一日現在）

（12）二〇一六年度公益社団法人日本図書館協会事業計画（http://www.jla.or.jp/Portals/0/data/content/aboutJLA/jigyokeikaku2016.pdf）

（13）イギリスの制度の詳細については、次のCILIP公式サイトにあるProfessional Registration のページを参照されたい。http://www.cilip.org.uk/cilip/jobs-careers/professional-registration/

（14）呑海沙織「英国の図書館情報学分野の専門職能力開発におけるポートフォリオ評価」『情報の科学と技術』五七巻、一号、二〇〇七年、三四―四五頁。

（15）同前、三五頁。

（16）他に、一般社団法人日本医学教育学会による認定医学教育専門家資格制度（http://jsme.umin.ac.jp/CMES/）や一般社団法人地理情報システム学会による専門技術者認定（http://www.gisa-japan.org/gisca/index.html）などでも、ペーパーテストではなく、「ポートフォリオ評価」を行うことが明確に謳われている。

（17）日本図書館協会認定司書審査規程（二〇一〇年九月一三日制定、http://www.jla.or.jp/Portals/0/data/

iinkai/認定司書事業委員会/2016/kitei_6.pdf)

(18)　日本図書館協会図書館員の問題調査研究委員会編『「図書館員の倫理綱領」解説　増補版』日本図書館協会、五一一〇頁、二〇〇二年。

(19)　同前、六六頁。

第一〇章　「地方創生」の視点から見た図書館と司書

片山　善博

1　「地方創生」とその課題

二〇四〇年にはわが国の自治体のおよそ半分が、若者の減少などに起因して自治体としての機能を維持できなくなる。二〇一四年五月、日本創生会議がこんなショッキングなレポートを発表して以来、「消滅可能性」のある自治体だと名指しされた市町村は動揺の色を隠せず、浮足立った。

これを受けた安倍政権は、その年の秋から「地方創生」を最重要政策の一つに掲げ、財政面を中心に自治体を支援することとした。そのねらいは、もっぱら地域経済を活性化することと地方の人口減少に歯止めをかけること、とりわけ若い人たちの域外への流出を減らすことにある。

全国ほぼすべての自治体は、政府から促されて、自分たちの地域の将来像を盛り込んだ「総合戦略」を作成した。その戦略に基づいて様々な事業が展開されているところだが、果たして全国を総動員したこの壮大な取り組みによって地域経済を活性化し、人口減少に歯止めをかけるという所期の目的を達成することになるのかどうか。

地方自治や地域振興に長年かかわってきた筆者の現時点での感想を率直に言えば、関係者には大変失礼な物言いになるが、今のままでは「地方創生」はさしたる成果をもたらさないまま終焉を迎えることになる可能性が高いと踏んでいる。そう考える理由は、国の側にも地方の側にも見出せる。国の側のことで言えば、過去の地方施策の点検をしていないことをまず指摘しておかねばならない。というのは、地域経済が停滞し多くの若者が大都市圏に流出する現象は決して今に始まったことではない。また、それに対して国も自治体も拱手傍観、何もしてこなかったわけではない。地域活性化対策、過疎対策などあれこれ施策を講じ、膨大な財政資金を投入してきたあげくが今日の地方の窮状なのである。

それならば、このたびの「地方創生」を始めるに当たってまずやるべきは、過去の同種の施策の点検であるはずだ。地域活性化対策などのこれまでの施策には何が足らなかったのか、欠けていたものは何か、この際よく点検してみる必要があると思うが、どうやら政府にはそんな点検をした形跡はなさそうである。

「地方創生」がうまくいかないだろうと予測する理由は、地方側にもある。筆者が強く懸念しているのは、地域経済の衰退や雇用不足の主たる要因を、当の自治体が必ずしも的確に把握していないと思われることである。そのことの結果、地域の現在及び将来のことを、自治体自身がいい意味で「地域本意」に考えることが妨げられているように思われるのである。

地域経済の力が弱まる原因や背景は、もとより地域によって異なる面がある。ただ、多くの地域に共通すると思われる要因もある。その一つが、地域から外部に向けてお金が流出し続けている状況である。もちろんどの地域でも域外に売る物があり、それによってお金が外から入ってくる。しかし、その一方で域外から買うものが多ければ、差し引きではお金が外に出ていくことになる。

例えば、佐賀県武雄市では、指定管理者制度を通じて、図書館の運営を書籍の流通業に携わる域外の大都市の民間事業者に委ねることとした。その事業者によって運営される図書館は、従来の図書館のイメージとは大きく異なっている。館内ではその事業者自身が本を売っているし、アメリカの有名なコーヒー店も営業している。

この点については、図書館を利用する市民は図書館で本を借りられるし、買うこともできる。この面でいわばワンストップサービスを享受できるので、市民の利便性が向上したとの評価がないわけではない。

ただ、地域の経済などの観点からは別の見方もできる。市内にはもともと書店があって、昨今の本離れの傾向が強い中では経営は決して楽ではないはずだ。そんな環境の中で、市役所が図書館を改造し、域外から誘致した「商売敵」にそこで営業させるのだから、既存の書店はたまったものではない。自分のところも市に税金を納めているというのに、この仕打ちはあまりにもひどすぎると、もし筆者がその書店の経営者であったら強く憤ると思う。

また、公立図書館は本来なら書籍は地元の書店を通して購入するのが望ましい。例えば、鳥取県立図書館では毎年度およそ一億円の予算で書籍や資料を購入しているが、そのほとんどは地元の書店を通じてである。

それは単に県内の書店の売り上げを増やすために買い取っているのではない。いくつかの書店から、県立図書館として保存するにふさわしい本を提示してもらい、それらを参考に司書と書店とが協議しながら購入する本を決め、それを提案した書店から購入する仕組みを採っている。いわば、司書と県内の書店とがそれぞれの知見を出し合って選書を行い、県立図書館の質の向上を図っている。そうした両者の切磋琢磨が、結果として県内書店を支えることにもつながっているのである。

話を武雄市の図書館に戻すと、図書館の管理運営を委ねられた指定管理業者はもともと書籍の流通業に携わっているので、市立図書館が購入する本は自前の流通システムを通じて導入できる。地元の書店を通すようなまどろっこしい作業は不要だろうから、この面でも地元の書店は埒外に置かれる。地元書店にとっては、市が図書館に「商売敵」を呼び入れたことと併せて、手痛いダブルパンチを食らわされたことになる。

市の図書館政策を地域経済の面から点検すると、地元書店の事業機会を縮退させ、代わりに域外の事業者に優越的にビジネスチャンスを与え、その収益を地元から域外に流出させることに寄与していると言える。地域経済が元気を失っている地域においては、どうにかしてお金を域外に流出させないことに意を用いるのが合理的だとする先ほどの考え方とは全く逆の結果をもたらすことになっている。

民間の力を活用して図書館にたくさんの人を呼び込み、賑わいの空間を創出する。そこに入っているアメリカのコーヒー店はことのほか若者に人気がある。市の政策にはそれなりの狙いや言い分はあるのだろう。そのことを敢えて否定するつもりはない。ただ、自治体が公費を使って地元の事業者を疲弊させるような政策が本当にいいことかどうか、少なくとも「地方創生」の観点からは首を傾げざるを得ない。

2　司書の雇用を棄損する図書館の指定管理

「地方創生」に即して言えば、武雄市の図書館政策にはもう一つ別の観点からの疑問が湧いてくる。ただし、これは武雄市に限ったことではない。公共図書館の運営を指定管理方式により民間事業者に委ねている自治体に総じて指摘されることでもある。

図書館運営に限らず、とかく指定管理方式によって公の施設を民間事業者に委ねると、そのコストを軽減できるので自治体にとってメリットがあると言われる。たしかにそうした面は否定できない。

では、どこでコストを削減しているのかと言えば、図書館の場合であればもっぱら人件費である。図書購入費を削ろうと思えば、そのことの良し悪しは別にして、自治体が直接管理運営している場合でも削ることはできる。

一般に人件費の削減は、民間に委ねられた図書館で働くスタッフたちの給与単価を切り下げることで実現されている。しかも、指定管理契約は、特定の事業者に排他的、独占的な地位を長期間与えるわけにはいかないので、通常三～五年を限度とする。仮に一度指定管理を受けた事業者がその後引き続いて管理運営を行うことがあるにしても、五年なら五年ごとに、その都度事業者の選定を行う仕組みとされている。

そんな事情もあって、指定管理を受けた事業者のもとで働くスタッフの雇用期間も自ずと限定され、通常は一年契約が多いという。いわゆる非正規職員である。しかも、先に触れたとおり単価の低い雇用が一般的であることから、大変失礼な言い方になるのを承知で言うなら、官製ワーキングプアの例の一つとしてしばしば引き合いに出されるのが、指定管理事業者のもとで働く図書館スタッフたちである。

本来、自治体の公共図書館は地域の知の拠点として、末永く安定的に運営されることが求められる。図書館業務を担う司書は長期的視点のもとに雇用され、できるだけ安定した人事の環境で育成されるのが望ましい。そうであれば、司書の職を目指す若者にとっては、とても魅力のある雇用の場であるに違いない。ところが、その司書の職が一年単位の細切れの雇用で、しかもその単価が総じて恵まれない水準であるとすれば、果たして魅力ある雇用の場になり得るかどうか、甚だ疑わしいと言わざるを得ない。

「地方創生」に関連して、多くの自治体が日本創生会議から「消滅可能性」を指摘された。そう指摘されるのにはそれなりの理由があって、その地域では若い人、とりわけ若い女性が大幅に減るからだという。

このことを踏まえて、図書館の司書に話を戻すと、本来若い人にとって魅力のある司書の職を、自治体が指定管理を通じ、自ら率先して魅力の薄い職に貶めているように思えてならないのである。

もちろん、指定管理によって図書館運営のコストをいくばくかは削減できるだろうから、何も利点がないわけではない。国はそこに着目して、自治体に施設の民間委託を慫慂してもいる。また、国は自治体に対して職員定数の削減も強力に指導してきた。業務量の減少に見合って職員定数を削減するのであれば問題はないが、業務量が減らないのに定数だけ減らす自治体も多い。それでは役所が回らないので、臨時職員などの非正規職員を雇って正規職員が減った穴を埋めているのが実情である。

このことが何を意味するか。職員定数には非正規職員は算入しないので、これでも定数削減という行政改革として国から評価されることになるそうだ。それはそれとして、別途深刻な問題がある。正規職員の定数が減らされているので、定年退職者がいても、若い人の採用は手控えるか、採用数を減らさざるを得ない。若い人に用意されるのは、臨時職員などの雇用期間を限られ、単価の安い非正規職である。おそらく、若い人にとっては魅力の薄い職に違いない。いくばくかの行政改革を進めて国から褒められるのかもしれないが、地域の将来にとって大切な若者の雇用の場を奪っているのは間違いない。

一般論ではあるが、地方自治に長く携わってきた筆者は、図書館は小中学校などと同じく、外部に委託するのではなく、自治体が自前で運営すべきだと考えている。図書館とは地域の知の拠点として末永く運営されるものであり、それを切り盛りする司書たちも長期的な視野で配置され、養成されるべきものだからである。

これを外部の民間事業者に委託するとすれば、先に触れたように、委託契約期間はせいぜい五年程度にしか設定できない。すると、そこで働く職員の雇用期間も自ずと細切れになり、とても図書館を長期的視点で切り盛りしてくれる存在にはなり得ない。こんなことでは、図書館が地域の知の拠点としての役割を果たすことなどまず期待できない。

さて、今や国をあげて「地方創生」である。停滞している地域経済を立て直すにはどうすればいいか、若い人たちが地域にとどまってくれるには何が必要かと、全国津々浦々の自治体が知恵を絞っている。

その処方箋は地域によって違いがあるだろうが、共通して言えることの一つは、みんなが地域をもっと大切にしなければならないということである。振り返ってみると、われわれの社会は経済の高度成長期から特にその傾向が強くなったが、どうしても経済優先の意識が強くなり、生産性や効率性ばかりを追い求めるようになった。

人々の関心はより生産性の高い大都市の方に向けられ、表面的には効率が悪い第一次産業を中心とする地域への関心は薄れていった。その地域に住む人たち自身も、知らず知らずのうちに、地域の自然や生業（なりわい）のほか、そこにしかない貴重な歴史や文化や伝統を軽んじ、それと同時に、地域を支えていこうという意欲を持つ人材も乏しくなった。おそらくはそれが今日の地域の疲弊の原因の一つだと思う。地域のことを地域自身がもっと大切にしなければならない。

本題に戻って、図書館とは地域のこれまでの知の遺産を保存するだけでなく、「地域の知の拠点」として、これからの地域にとって必要な知の資産を取り込んでいく役割が求められる。選書を担う司書には、こうした地域に根差した深い知見と豊かな「鑑識眼」が不可欠である。

3　「地域の知の拠点」と認定司書への期待

地域人材として「地域の知の拠点」を切り盛りできる司書を公的に認定する仕組みが、本書の第九章でも触れている認定司書制度である。日本図書館協会がこの認定司書制度を始めて既に一〇〇人を超える認定司書が誕生した。その中には、筆者がかつて知事として直接その仕事ぶりに接し、その能力を高く評価する司書も含まれる。また、最近お目にかかった方も何人かおられる。いずれも実務経験や実践的知識に富み、かつ、意欲的に職務に取り組んでおられる様子がうかがわれる。今後新たに認定される方も含めて、認定司書の皆さんには自己研鑽に務められるとともに、これからの図書館経営の中核として大いに力を発揮して頂きたい。

ところで、この認定司書制度の将来を見据えたとき、そこにはいくつかの課題がある。例えば、組織の中で認定司書の存在は適切に認識されているか。認定司書に限らず自治体においてよく聞かれるのは、職員が何らかの資格を取得した場合、あるいは取得しようとする場合、その職員が属する組織の管理職がそれを必ずしも評価しようとしない傾向がまま見られることである。

もちろん認定司書の申請をすることについてあらかじめ組織の認知を得て、挑戦のための時間的、経済的負担を組織内でカヴァーしてもらっているケースは問題ない。しかし、組織の認知も支援もないまま（現時点ではこのケースが多いと推測する）申請して認定された場合、上司や同僚から喜んでもらえるのかと思いきや、逆に疎んじられるようなことがありはしないか。「仕事の手を抜き、マニアックに資格試験に力を入れている」などと曲解されていないかと案じられるのである。

こんなありさまだと、折角の認定司書の制度が却ってアダになりかねない。そこで、日本図書館協会をはじめとした関係者が早速にも取り組まなければならないことは、主として自治体の首長や人事当局者に認定司書制度の意義を十分理解してもらうことである。

自治体には、認定司書に挑戦する司書に便宜を図ってもらいたい。できれば申請に要する経済的負担について公費による支援制度を設けて頂きたい。もとよりそれを職員の研修プログラムの一環として位置付けることは可能である。その上で、認定司書を職員の人事管理上の資格の一つに加え、その後の処遇に反映させることも自治体には強く求めたい。

また、認定司書が今後増えることにかんがみると、今の段階から一般の司書と認定司書との役割の違いについて明らかにしておくことが望ましい。両者の役割に何らの差もなければ、モラール（士気）の向上にはつながりにくいし、認定司書の効用もわかりづらいからである。

この点で多少参考になりそうな事例を紹介しておく。かつて鳥取県では学校事務職員は全員一様の役割を担っていた。それをある時、経験豊富で識見もある事務職員をシニアの職に任命し、新たな役割として近隣の学校の若手の事務職員から相談を受け、指導する役割を与えることとしたのだが、それによって貴重な経験が広く共有されるようになっただけでなく、シニア職自身の意欲を向上させることにもつながった経験がある。

こうしたシニアの役割にとどまらず、自治体では認定司書の中から選抜して、教育委員会事務局に是非登用してもらいたい。教育委員会の中に図書館のことに精通した優秀な司書が配置されることによって、図書館に正当な位置づけが与えられるようになるに違いないと考えるからである。

認定司書への期待の一端を述べてきたが、それは図書館自体の将来にも大きく影響するはずだ。大切な図書館の経営をうっかり人手に渡してしまったら、どういうことになるか。武雄市の例はそのことをよく教えてくれる。「地域の知の拠点」は意地でも地域が自前で切り盛りすべきで、それには認定司書をはじめとする人材を自前で養成することが求められる。「地方創生」をめざす自治体ならば、せめてそれぐらいの気概と力量は持っていてほしい。

第Ⅳ部　地方自治と図書館政策

終章　対談・地方自治と図書館政策
――自立支援こそ図書館のミッション

片山善博（鳥取県知事、当時）VS 糸賀雅児（慶應義塾大学教授）

第Ⅳ部には、二〇〇七年二月一三日に鳥取県庁内の知事室で行われた片山（当時、鳥取県知事）と糸賀による対談を載録した。

当時すでに国内の図書館関係者の間で高い評価を得ていた鳥取県の図書館政策について、県行政のトップに直接、施政方針を聞くという趣旨で（財）高度映像情報センター（AVCC、当時）によって企画されたものである。ちなみに、NPO法人知的資源イニシアティブ（IRI）によりこの前年（二〇〇六年）に創設されたライブラリー・オブ・ザ・イヤー大賞の第一回受賞館が鳥取県立図書館であった。

対談での話題は、情報公開制度や議会図書室、司書の役割、市町村合併、指定管理者制度、さらには官僚や役人の勉強ぶりまで、多岐に亘っている。図書館政策や図書館行政の課題、そして「知の地域づくり」の背景や論点などが広く議論されており、一〇年を経ても色褪せていない。

糸賀雅児氏

1　情報公開――治者と被治者に同じ情報環境を

糸賀　知事になられて最初に手をつけられたのがまず情報公開ということですね。今は草の根自治、あるいは地方の自立と言いますか、そのあたりに熱心に取り組まれておられますが、この情報公開を進めようと考えられたのはどういう経緯からなんでしょうか?

片山　いくつか視点があるんですが、一つは日本の自治体や国といった行政機関が情報を独占している。そのことによって、いろんな副作用、弊害が出てくる。それが汚職だったり、腐敗だったりするんですね。情報を公開することによってこうした不正常な状態をなくしていく。これは役所の治療法の問題なんですね。これが一つ。

もう一つは役所というのは、地方自治体が特にそうなんですが、これは住民が形成するもの、形作るもので主権者は住民です。そうすると主権者と主権者が自分たちの便宜のために作った役所との間に、情報格差があるのは良くない。ところが日本の場合、大変大きな情報格差があるわけです。役所が持ってる情報と主権者が持ってる情報とには格段の違いがあります。これ

片山善博氏

はもう倒錯しているわけです。本来、役所と主権者である住民との間で、できるだけ情報共有をしなければいけない。これが情報公開の二つの柱ですね。

糸賀　そのことと当然、民主主義の成立というのは深くかかわっていると思いますが。

片山　おっしゃるとおりです。民主主義というのは治者と被治者との間に同じ情報環境がなければいけない。役所の持っている情報を共有するということもそうだし、政治問題であったり、社会問題であったり、いろんな分野に情報というのはありますが、これについてもやはり役所と国民との間に情報は共有されていなければいけない。同じような情報環境がなければいけない。独裁国家というのは情報は独占されていて都合の良い情報だけが一方的に出てくる。だから情報は操作の対象になるわけですね。

糸賀　かつての日本にもそういう時代があったわけですね。

片山　そうですね。ありました。今だったら北朝鮮が典型的ですが、それでは民主主義にならないわけですね。民主主義は治者と被治者の間が同質でなければいけない。これは基本だと思います。

糸賀　「草の根自治に取り組もう」という資料[1]を拝見しましたが、この中に「まずは公開されている情報を入手しましょう」とありまして、「県民室及び県民局には様々な情報があります」……と並んでいる中に、「図書館司書に必要とする書籍を取り寄せてもらいましょう」ということも謳われています。今言われる情報公開ということと、図書館が行う情報提供、資料提供ということは結びつくとお考えになっていますか？

片山　行政のトップをやっていてつくづく思いますのは、自治体が行政を行う場合に得られる情報というのは、すごく制約されているということです。自治体も閉ざされた情報環境の中にあるんですよ。これだけ地方分権だとか地方自治だとか言われていますが、言葉だけが先行しているんですね。実際仕事をする上で十分な情報、分権の担い手として自由闊達な行政を行うのに必要な情報を得られているかというと、得られて無いです。ほとんど中央官庁から来る一方的な情報に頼っている面があるんですね。これだと掛け声倒れに終わって、いくら経っても本当に国と地方が対等な関係に立って、分権自治の力を発揮するわけにはいかない。

その偏りを直すにはどうすれば良いのか……ということが私の問題意識です。そこで何がありますかというと、情報拠点として、今、アベイラブル（available／利用できる）なのは図書館なんですよね。図書館には膨大な資料がありますから、その膨大な資料の中から我々が自治体の行政をする上で必要な情報というものをきちっと整理する、そしてそれを活用する。そういう作業が必要になるんです。それが図書館の役割の一つだし、司書の皆さんに期待される役割でもあり、利用する側の心構えでもあるんですね。

2　情報のユニバーサルデザインを図書館で

糸賀　一口に情報公開といっても、いわゆる県が持っている公文書、行政が持っている行政文書というのもあれば、図書館が持っているような一般の本・雑誌・新聞・地域資料・官公庁資料、こういうものがありますよね。その両方が揃って本当の意味で情報の格差が減り、行政側が持っている情報と県民が持っている情報の差が無くなるということだと思います。そういう意味で図書館が担うのは行政文書といった情報公開条例の対象というより、一般に流通しているような本・雑誌、こういうものだというふうにお考えになりますか？

片山　いや、私は本当はユニバーサルデザインにしたい。行政が持っている情報というのも図書館の機能を通じて公開される、活用される、利用されるということに本来なるべきだと思うんですね。まだ現状はそこまで行っていませんから、行政に関する情報は行政独自に情報公開をやってます。現状はそれでも良いと思うんですけど、ゆくゆく本当はユニバーサルデザインにすべきだと思います。

糸賀　なるほど。ここに鳥取県の情報公開条例(2)を持ってまいりました。この条例で扱う公文書というのが何かというのがずっと書いてあって、最後に次に掲げるものを除くと書いてあります。次に掲げるものはこの情報公開条例の対象ではありませんよ、ということです。それを見ると

「県の広報・新聞・雑誌・書籍・その他不特定多数の者に販売することを目的として発行されるもの」これは除きますよと。それから「県立の図書館、博物館、公文書館・その他の施設において一般の利用に供することを目的として管理されているもの」これも除くとなっているんですね。ということは図書館が提供する、今の雑誌・新聞、それから図書館が持っている資料、こういったものは図書館を通じて提供しましょうと。そうじゃないものについて、これを情報公開条例で規定して、情報公開の窓口に行ってその情報を入手してもらうと。この両方が揃って初めて真の意味での民主主義社会における情報公開が成り立つと、そういうふうに読めるわけですが。

片山　まぁ、大抵はそうなっていますね。それは行政の中で例えば予算の執行の場合、いちいち図書館でというわけにはいかないです、便宜的にここでやりますけどね。これも何年かたったら実は公文書館に持っていって公文書館の提供する資料の中に加わるんですね。あとは公文書館と図書館の関係をどうするかという問題が出てくる。私のようにそこをユニバーサルにしたらどうかという考えもあるんですが、公文書館のほうの人たちは反対するとか、いろいろと事情と経緯があるんです。本来なら公文書館の機能も図書館の機能も一つのものとして、管理したほうが良いのではないかと思います。

糸賀　それは素晴らしい。大事なことだと思います。特に図書館というのは他の図書館とのネットワークというのがあります。県外の図書館とのネットワークというものを通じて、他の県ではどういう取り組みをやっているのかとか、もっと言えば世界の潮流みたいなものも、図書館の資料から把握することができるわけです。それで県民が鳥取にふさわしい行政のあり方を決めていく。これはまさに、自己決定・自己判断が求められる社会における情報と図書館の理想的な使い方になっていくと思います。

3　分権社会を支える図書館整備

片山　先ほどの分権の文脈で言うと、中央政府が日々膨大に垂れ流してくる情報があるわけですね。それに対抗するためには我々に情報拠点が要りますね。それが図書館だと思うんです。鳥取県では県庁の中に図書室を設けました。ご覧の通りの小さな分館ですけど。実は県立図書館の膨大な書籍・資料に対するアクセスポイントなんですね。そこを通じて図書館の資料を縦横無尽に利用しましょうというのが理想なんです。

もう一つ、議会図書室があるんです。これは全自治体に設置が義務付けられているんです。使われずに倉庫のような所もありますが、これも実は分権という文脈で捉えられるんです。議会というのは執行部に対するチェック機能が大きな任務なんですね。それから執行部から出てこない政策を立法化するという任務があります。じゃあその立法とかチェックに必要な資料はどこから得ますかということなんですね。現状はほとんど執行部から得ているんです。執行部に資料提供を求めて、それを基にして質問を作ったり、政策立案をしたりするわけです。これは良くないと思っているんです。チェックしなければならない相手からしか情報を得られないような状態で、ちゃんとしたチェックができるわけが無いですよね。そこで議会もちゃんと図書館機能が要りますよというのが議会図書室の設置が義務付けられた背景だと思うんです。それを理解できないものだから、手っ取り早く役人を呼んで「適当な資料を持って来い」と。国会も地方議員もみんな同じなんですね。それではだめで、議員の活動にふさわしい、図書室環境を整備しなければいけない。

国民もそうなんです。私はよく例えを出すんですけれど、政府から「さあこれから分権の時代ですよ、分権の受け皿は市町村です、市町村の規模を大きくしなければいけない、合併が必要だ」と言われて、それをうのみにしてざぁーっと合併しちゃったんです。ところが「本当にそうですか？」という意見は根強いんですね。自治というのは、そもそも自分たちの地域の問題を自分たちで決められる、そこに本質的な意義があるわけです。それをどんどんどんどん大きくして、「規模が大きくなって、自分たちの地域のことを自分たちで決められなくなりましたね」という空洞化が起きているわけです。

ところが政府が合併を推進しようとしたあの時期は、資料は合併推進一色なんです。それに反するような資料は出てこないんです。それで住民の人たちが「合併って本当にバラ色なんだろうか」とちょっと疑問に思って、どこで資料をもらおうかとなったら、役所に行かざるを得ないんです。役所に行ったらバラ色だという資料しか出てこないんです。これではまともな判断はできないですよ、有権者、住民は。

そういう時に本来ならば図書館に行って「合併問題についてちょっと勉強したいから資料をお願いします」と言ったら、例えばフィンランドの地方自治制度の資料が情報として出てくる。それを見ると、小さい自治体であってもレベルが高く、特に図書館行政などは素晴らしいわけです。地域図書館がいっぱいあるけれど、その地域図書館をつくっている設置主体の市町村はものすごく小さいんです。やれるじゃないか、小さくても質の高い行政はやれるじゃないかという反証は得られるんです。

ところが残念ながら、今、わが国ではそういう図書館と住民との間の相互作用というのはなかなか機能していないから、ちょっとやきもきしているんです。本来ならば民主主義の担い手としての国民の自立のための支援も、本当は図書館の仕事だと思うんですね。だから図書館を一生懸命やっているのは分権原理主義者として、分権原理主義者というのは民主主義原理主義者という意味なんですが、そのために実は図書館というものの機能を考えて、日本の、我が国の図書館環境を大いに改善するしかないなという発想原理なんです。

4　司書の処遇が重要

糸賀　その場合、図書館というものを行政の中でどう位置付けるかという視点と同時に、図書館サービスをしている司書、図書館の中で働いている職員、この人たちも従来と同じ考え方で図書館サービスを続けるのではなくて、民主主義社会のまさに砦（とりで）というか、要（かなめ）というか、そういう役割を果たすんだという自覚を持ってもらわないと、おっしゃるような図書館の仕組みというのはなかなか浸透していきませんよね。そのために片山知事がこれまでどんな手を打たれてきたのか、ぜひ聞かせてください。私は鳥取の図書館行政を高く評価しておりますが、日本全体を考えたときに、鳥取だけ良くなって他がだめでも困りますので、ぜひ他の県にもこれを波及させたいわけです。その時に、知事としてこんなことをすると県内の図書館が良くなっていく、日本の図書館全体が機能して、おっしゃるような日本の民主主義そのものがちゃんと根付くという、そのための道筋についてはどのようにお考えでしょうか。

片山　私は図書館では司書が一番重要だと思うんです。蔵書も重要ですけれどもね。司書がちゃんとしていなかったら、宝の持ち腐れになります。それとその司書のみなさんが、私が期待するような図書館の司書の役割を果たしてもらいたいというのが一つの目標なんです。ただ、当時現状を見たら、司書の皆さんがまともな処遇を受けてなかったんです、多くの司書の皆さんが。例えば学校図書館の司書は全部非常勤でした。きちんとした、安定した、ちゃんとした処遇を受けて、知的労働に従事するのが本来の姿ですが、非常に不安定で処遇も悪い状態の中で、質の高い仕事を期待するのはなかなか難しい面があります。

だから、まずはもう、非常に基礎的なところですが、ちゃんとした処遇をしましょうね、というところから始めたんです。でもこれすらまだできてないんです、実は。県は自分の範囲内ですから県立高校の図書館の司書は全部常勤にできましたが。鳥取県内の市町村の学校図書館の司書の皆さんは、まだ大半は非常勤のままです。そこから始めて、まだなかなか県全体としては軌道に乗っていない。だけどこれをまず進めなければならないというのが一つあります。
それからもう一つは司書の皆さんが従来の図書館のあり方から、ある程度の意識改革をしてもらって脱皮をしてもらわなければならない。従来の図書館のあり方というのは、どちらかというといわゆる生涯学習の面にちょっと偏り過ぎていて、どちらかというと暇な人が来て、その人たちに満足度の高い貸本サービスをするんですよ。

糸賀　むしろ職員の自己満足度の高いサービスになっていたりしますね。

5　図書館のミッションは自立支援

片山　図書館のミッションはそもそも何かというと自立支援だと思うんです。これが一番基本的なミッションだと思うんですね。だから政治的市民として、自治を担う市民として自立をする人たちをサポートする、これも自立支援ですね。それから何か新しくビジネスを始めたい、起業する、これを支援するのが起業支援ですね。何か起業支援だけを特別扱いしているみたいな感じを受けますが、そうじゃなくて自立支援の一つの形態だと思うんです。病気をしている人が肉体的にも精神的にも立ち直りたい、自立したい。それを支えるのが健康とか闘病の支援ですね。これも個人の根源的自立支援です。その他いろんなことがあって良いと思うんですよ。

いろんな人が図書館で自立支援を受けられる、という図書館のあり方になってくると、それを担う司書の皆さんも、そういう方向にシフトしていかなければならないんです。視点を自己満足度の高い生涯学習の支援から、いろんな形態の、いろんなことを考えて、いろんなことを志向している市民、住民、国民の皆さんの自立をできる限りサポートするというふうに、モードチェンジしてもらいたいんですね。

その一つが鳥取県庁に県立図書館のアクセスポイントを置いて、そこに司書を置いて、その司書を通じて県の職員が中央集権ではなくて、自立分権型の自治体行政を行うための自立支援を図書館から受けるという、一つの図書館の役割、モデルをここで実践しているんですね。これはぜひ成功させたいと思いますし、こういうものが流行っていったら良いな……と。それから埃をかぶっていて物置になっていた議会図書室のあり方についても、そもそもミッションはこうだよという話を何回も議場でやったんですよ。そうしたら奮起してくれまして、使うようになりました。鳥取県議会図書室はずいぶん昔と違ってきて、ここで質問を考案する議員も出てきたとか……。

議会図書室の管理と運営を兼ねている議会事務局のスタッフが、議員が本をよく読めるように、議会ごとにふさわしいテーマに関する本を、みんなが通るところにちゃんと移動書架を置いて、並べるようになったんです。例えば今の議会なら財政が一番問題だとか、前の議会だったら例えば医療制度の問題だとか、いろいろテーマ設定があるわけです。そのテーマにふさわしいものを選んで、図書館から持ってきたり、新規購入したりして、みんなが通るところに置いていているわけです。するとふっと手に取って読んでみよう……と。

糸賀　それだけ司書もほうぼうにアンテナを張り巡らして感度を良くしておいて、今度は議員さんがこんなことに関心を持つだろう、だからそれにふさわしいような本を選んで持ってくる、というセンスも必要だということになりますね。

片山　それから司書のことで私が感心したのは、鳥取県の市町村長と私を含む県庁の幹部との間で意見交換会が年に数回あるんです。その時々でテーマが決まるわけです。例えば交付税の問題だとか、それから権限委譲の問題だとかいろいろとテーマがあるんですね。するとそのテーマにふさわしい書籍リストをちゃんと用意してくれるんです、頼まないのに。

糸賀　すると知事もざっとそれに目を通されて……。

片山　私は必ず市町村長に紹介するんです。こんなリストがあるから皆さんも関心の赴くところにしたがって、ちゃんと読みましょうねと。もう一つは、みなさんのところでも図書館をちゃんと整備すると、こういうサービスを受けられますよと。

6　図書館の支援で行政のスピードと質が向上する

糸賀　それに関してちょっと面白い話があります。実は文部科学省でこれからの図書館のあり方について検討してきました。片山知事はご存知だと思いますが、横浜市では行政職員が政策に関わる情報提供を求めると市立図書館が積極的に提供しています。横浜市の都市経営局の職員は文部科学省の会議でこう言っています。図書館が情報提供してくれるおかげで問題解決へのスピードが加速される……と。つまり意思決定だとか問題解決に、今まで例えば一ヵ月かかっていたのが、図書館が適切に情報提供してくれるおかげで、それが二週間、三週間に縮まった……と。ということは、その分、他の仕事ができるわけですね。これは結局納税者、市民に還元されていくということになります。知事が言われる意味で、自立させることもできるし、ここであげたように、意思決定のスピードが短縮される、問題解決が早まる。これはものすごく重要なことです。

片山　私はそれ以外に質の高い成果が得られるということがあると思うんです。というのは、時間がかかっている割りには、なぜ質の悪い政策しか出てこないのか、ということについては、自ずと理由があるんです。それは情報が少ないからなんです。しかも中央官庁に依存しすぎるんですね。従来の自治体は何か問題があると、本省と言われるところにすぐ電話をかけるんです。

糸賀　それで判断を仰ぐ……。

片山　それでこういう問題について何か良い制度はありますか？　支援制度はありますか？　これにまつわる何か関連情報はありますか？……と。そうすると幾ばくかくるわけです。だけどそれは中央官庁に都合の良い情報でしかないんです。中央官庁が推奨している施策に反対するようなものは絶対無いですね。

糸賀　ある程度偏っているというか、バイアスがかかってるということですね。

片山　そうするとなんか変だなと思うわけです、自治体のほうも。変だなと思うけれども他に無いんですね。そこで周辺自治体に聞いてみるんです。兵庫県に聞いたり、島根県に聞いたり……。

糸賀　前例があるかどうか、周辺でやっているかどうかですね。

片山　そうすると多少情報の幅は広がるけれど、似たりよったりなんです。そういうところでもがくわけです。最後の政策、意志決定者がもっと良い資料はないのか？　もっと他の情報はないのか？　というと、じゃあもっと他のところに聞いてみます、北海道に聞いてみますとか……。だから時間がかかる。ところが図書館でそういう中央官庁の思惑と関係なく国内外、古今の情報がさっとニュートラルに集まって来るということになると、それは時間的にも節約されるし、質的にも高い成果が得られるんです。私はもう何回か県庁図書室を利用して、自分でもいくつか仕事をやりました。そりゃあ早いし、良いですよ。

　その一つはフィンランドの地方自治制度です。ここから得られたのは、日本の市町村合併は愚劣だということでした。図体だけ大きくする、質の悪いものをいくら大きくしても駄目なんですね。小さくても質の高いまま、これを維持するということは可能なんです。そういうことがちゃんとわかるんです。

　それから、私はこれをよく引きあいに出すんですけれど、アメリカでハリケーン・カトリーナがありましたね。あれからいろんな教訓が得られるはずなんです。失敗しているから。連邦政府も州政府も問題がいろいろあるのですが、どこに失敗があって、どこに原因があってそれがどう教訓として活かされるかというのが、我々にとっては格好の材料なんです。で、調査団を出そうと思ったんですけど金もかかるし言葉の問題もある。

だったら日本からいっぱい調査団が行きましたから、政府のほうから。彼らの報告書を見れば必要な情報は大筋得られるんじゃないかということで、図書室にレファレンスを頼んだんです。そうしたら何といっぱい出てきました、資料が。だけどほとんどアメリカ人が書いた英語のものだったんです。日本語のものは本当に数が限られていて、それは全て技術的、専門的なものなんです。堤防の構造の問題だったり、土木工学の問題だったり。住民の避難とか住民のケアとか、それから災害対策の政策決定だとかそういうことについての分析とか評価については一切日本語では無いんです。英語ではあるんですけれど。

そこで英語の文献を取り寄せてもらって、職員がそれをサマライズ（sammarize／要約）してまとめたんですよ。良いのができました。だけど、わが国でカトリーナの災害の教訓をそういう意味で全貌をきちんとまとめたのはこれだけなんです。いろんな調査団が行ってますけど、何を勉強してきたんだか良くわからないし、勉強して報告書があるのかもしれないけれど、それが共有されるところに出されてないんですね。これはある意味びっくりしました。そんなことも実は図書館を通じてわかったわけです。(3)

7　情報だけでなくナレッジもマネジメント

糸賀　今のお話を聞いていますと、情報だけじゃなくて、知識も共有されなければいけないということですよね。役所でナレッジ・マネジメント（知識管理）がちゃんとできてないから、せっかく得た知識、知見というものが他で活かされるような形になってない。これではすごく無駄が多いことになります。

片山　特に行政面・政治面については視察には多勢行ってるはずなのに、その成果が発信されていないし、共有されていない。

糸賀　それは確かに県の情報公開条例とかでカバーできる話ではないですからね。そこで、どうしても図書館というものが機能しなくてはならないという話になりますよね。ぜひ、そういうことをほかの県の知事さんたちにも働きかけていただいて、それぞれの県で、図書館づくり、図書館の充実につなげていただきたいと思います。

8　知事の仕事と読書

糸賀　ちょっと話を変えます。まだまだ本当はそういう知事のお仕事を続けていただきたいんですが、何かここらでそろそろ一区切りつけられるというようなことをうかがいました。今まで片山知事は民主主義の砦として図書館を位置付けて来られました。だけれども三期目はもう選挙には出られないというふうなことを言われています。私、ずっと一連の片山知事の発言を見ていると、知事の愛読書であるセネカの『人生の短さについて』[4]を、ご自身なりに考えた結果なんじゃないかなというふうに受け止めたんですけれども、そのあたりはいかがでしょうか？

片山　『人生の短さについて』を私の三選に絡んで引用されたのは先生が初めてで、わが意を得たりという感じです。

糸賀　あれを読んだ時に、やっぱり片山知事はご自身の時間というものを考えたんじゃないかなと思ったんです。

片山　まあそれもあります。正直なところそれもありますね。あれはまさに政治家のその後の生き方でしょう。だからそれは自分を重ね合わせた面もありますね。ただ、私は最初にこの仕事に入る時に四七歳だったんです。それで八年やれば五五、一二年やれば五九ということですから、まあ八年かなって思いましたね。もう一つはやっぱり、あんまり長くやると、自分自身も弛緩してくるし、それから組織もどうしても一人の人だけがやると弛緩してくるんですね。そういうものですからね。だからあんまり長いことやらないほうが良いなと思いました。

糸賀　それと、やっぱりご自身が時間の使い方というんですかね……。

片山　これはね、やろうと思えば余裕のある生活を送ることはできるんです。

糸賀　今でも、時間を割いて、自由な時間を見て本を読まれるとか、場合によっては図書館に足を運ぶとか……。

片山　本は読んでます、今でも。目標は月五冊なんですよ。

糸賀　なかなか私でもそこまでは読めませんね。お忙しい中で五冊とは……。

片山　一年間通してざっと見てみると半年、六ヵ月くらい大体目標を達成しています。ですが年末から年度末、年度当初にかけてはやっぱり結構忙しいんです。そうすると五冊の目標を果たせない月が多いですね。三冊だったりね。

糸賀　そうすると週に一冊以上ですよね。それは結構大変だと思いますね。

片山　夜寝る時毎日本を読んで、あとは意外に多い移動時間に読んでます。東京往復二時間、片道一時間読書ができますからね。大阪へ行こうとすると列車で片道二時間半とかかかるわけです。それはもう電話もかかってきませんから、本を読みますね。

9　図書館政策は個人のパーソナリティか行政判断か

糸賀　ご自身が本が好きだとか図書館が好きということが、政策に多少なりとも影響を与えてきたのでしょうか、それとも図書館が必要なのは民主主義社会の中で当然だということでしょうか。長年の行政マンとしての経験といいますか、行政の仕事を長年続けられた経験から、これから地方分権といった時に図書館が重要だというようなことをご自身が見抜いた結果、人事に関しても司書を配置しようとか、待遇を良くしようとかという政策を打ってこられたのか。片山知事の個性というかパーソナリティーの問題なのか、行政経験から図書館を充実させようというふうに、まさに行政判断されたのか、そこらあたりはどちらなんでしょうか。

片山　整理すると、図書館を重視した理由は三つあると思うんですよ。一つはさっき言いましたように、私は分権原理主義者・民主主義原理主義者ですからね。本当に地方分権を進めようと思ったら、政府に対抗できるだけの情報拠点が必要である、これはさっき言いましたね。それから二つめは、これは地方分権にかかわらず、日本の行政というのはあまりにも非科学的だと思ってるんです。私は国家公務員をずっとやってきて、政策を形成する中にいたんですね。ところがあまりにも勉強しないんですよ、みんな。勉強しないというのは語弊があるかもしれませんね。要は科学的でないんです。

糸賀　それは中央官庁のエリート官僚、キャリア官僚もですか？

片山　そうです。要するに施策を形成する上において重要な要素はいくつかあるわけです。現状で何が問題になっているのか、その現状を変えてどういうところに持っていくのか。そのための例えばモデルとか外国の例はあるかとかですね。それからそこへ持っていく時のツールにはどんなものがあるか、手段・手法にはどういうものがあるかですね。いろんな要素があるわけですね。それらを一つひとつ、その情報とかデータとか、変な意味じゃなく先例とか実例とか。その先例・実例の功罪とか、成功した失敗したとか、それらを冷静に集めて分析して評価してみれば、自ずから決まってくるんですよ、その政策の方向とか内容は。

ところがほとんどそれをしないんです。最初に結論や方針を決めちゃうんです。それはいろ

政府に対抗できるだけの情報拠点が必要

んな事情があってこうしかならないとか、こうでないと国会を通らない。別の方向へ行くと、自分たちの権限が減るとか、予算が減るとかで……。

糸賀　その結論に合うようにいろんな理由付けを後からしていくということですね。

片山　そうですね、都合の良いように。あまりにも非科学的で。それから政策形成の背景がニュートラルじゃないんです。思惑とかしがらみとか利権とか、そんなものの集大成なんですね。これではいけない、やっぱりもっとみんなが勉強しなくてはいけない。では中央官庁に勉強する場所、情報拠点・情報中枢がありますかといいますと、国立国会図書館の分室があるんです。でもこれはあまり役に立っていないです。

もう倉庫ですね、書庫ですね。で、訓古学をやるにはすごく良いんです。過去の資料や年鑑がありますから。だけど今日的な良い仕事をしようと思ったら、あまり役に立たない。私は自治省とか国土庁（いずれも当時）とかいくつかの役所を経験して、痛感したんですね。だからもっと図書館というものをちゃんと整備しなきゃいけない、中央官庁は特に。

じゃあ中央官庁の自前の図書室・図書館が良くないから、巷に出て地域図書館を利用できますかというと、そこは行政官が利用しようとした時に、レファレンス機能が十分じゃない。お互いに慣れていないから、という悶々とした気持ちを持っていたんですね。それが二つめ。

三つめは一人の市民として図書館を利用してきました。私はずっと公務員をやってきて家が非常に狭かったんです。しかも子どもがたくさんいました、六人いましたから。この六人の子どもがちゃんと本を好きに育って欲しいなと思いましたが、なにぶん家が狭い。本をふんだんに買って自分の家に所蔵しておくわけにはいかない。そうすると勢い図書館に行くんですね。だから図書館の近くに住みたい、実際住んできました。で、図書館を毎週利用してきました。

私は幸い良い図書館環境の中に住んでいたと思いますが、良い環境のところばかりではない。実際に住んだところでちょっとどうかなと思うところもありましたからね。一市民としては、できるだけ良い図書館というものが備わっていたほうが、暮らしやすいですから。ということで三つめは自分のわがままの問題ですね。自分が一人の市民として、良い図書館環境を備えておきたいということです。

糸賀　つまり、県知事としてのお考えや立場もあるし、一県民・市民として良い図書館のユーザーでいたい、そのためには良い図書館が無くちゃいけない。

片山　そうです。それに図書館に限らず、私は非常にわがままなんですが、例えば今は知事をやっていても、いずれは、一人の市民として暮らすということが前提ですからね。そうした時にどういう地域であってほしいか……と。例えば巨大な施設ばかりいっぱいあるけれど、市民生活にとってあまり意味がありませんねというような街よりは、図書館環境が整っていることもそうですし、文化や芸術というものに日常親しめる……そういう環境があったほうが良いな、楽しいだろうなとか。

役所も役人が妙に威張ってて、役所本位の行政だったら市民としては腹が立ちますよね。その時に市民のほうを向いて市民の視点で、ちゃんと物事を進めていくような役所であってほしいですね。だから一市民としてみたら、役所のあり方は自ずから決まってくるんです。たまたま、今知事というポジションを与えてもらっていますから、この時を最大限利用して、一市民としての自分にとって、満足度の高い行政に近付けたいとやってきたわけです。それが今まで図書館行政を含めて県政でやってきてることなんです。

糸賀　それは言ってみれば、何も珍しいことでは無くて、当たり前のことですね。

片山　当たり前のことなんですが、権力の上に上がった人はだいたいずっと権力者であり続けることを前提にした行政をやっちゃうんですね。

糸賀　知事になった途端にやっぱり構えたりするんでしょうか。今のお話を聞いてると普通に生活者の視点に立って、行政というか政策を考えていったら現在の鳥取県政になったというお話に聞こえたんですが。

片山　当たり前ですけどね。でもね、ずっとこのポジションにいたいと思うと視点が変わってくるんです。それは市民として生活しやすい環境づくりを考えるよりは、次の選挙をどうするかということを考えますからね。自ずから視点は変わってくるんですね。そんな人が多いから日本の行政はズレてくるんです。

糸賀　そうですね。どうしても支持母体に対して、手厚くしようとか……。

片山　そうすると市民の皆さんにとったら、ズレてますねというようなことになりかねないですね。だから行政というか、権力というものは自分が一人の国民、一人の市民になった時にどうあってほしいかということを常に念頭においてやれば、日本の政治は良くなると思います。

10　知事と図書館の話をするのは三人目

糸賀　そういうタイプの知事さんが少しずつ増えてきたというふうに思いますが、いかがですか？

片山　そんなことは無いですね。やっぱり知事会四七人いますけど、ほとんどの人は自分の次の選挙のことを考えてますよ。どうすれば有利かばっかり……。

糸賀　今のお話を聞いていると図書館に関しては、ご自身が行政経験があるし、同時に一市民といいますか、一県民の視点に立ったときに、やっぱり良い図書館があってほしいというふうなこともあって、鳥取の場合、図書館政策が全国に先駆けて進んでいったんだろうというように感じました。ところが今おっしゃるように、じゃあ四七都道府県全体を見渡した時に、必ずしもそうなってないというお話でしたね。ただ、私この平成一八年度、知事とこんなふうにお話させていただくのは片山知事が三人目なんです。

実は昨年の四月に三重県の野呂知事がやはり図書館の話をぜひ聞きたいということで、平日の昼間でしたけど、県庁の職員らとともに二時間私の講演を聞いていただきました。その次が昨年の一〇月、これは佐賀県の古川知事がやはり図書館についてぜひ話を聞きたいと言ってきました。佐賀県では七時四五分からの早朝職員研修というのをやってるんだそうです。で、私に話が来て、朝が早いですよと言われたんです。何時ですか?と聞いたら、朝七時四五分に来てください。で、実際七時四五分に古川知事が来られて、その時は県庁の課長級以上全員一五〇人が揃いました。そのほかに出先の機関もあるので、そこは佐賀県内のテレビ会議システムで見ると。そういう人を含めると二〇〇人になりました。古川知事も熱心に聞いてくれて、終わってからいろんな質問がありました。ビジネス支援、産業支援についてやりたいと。ついては他の機関との連携をどうするかということでずいぶん質問されました。私、三重県や佐賀県の知事さんが図書館に関心を持ち出したのは、間違いなく片山知事の影響だと思います。

片山　私、去年でしたかおととしになるかもしれませんが、伊万里市に行って図書館について講演をしたんです(5)。あそこに図書館に熱心な人がおられましてね。市会議員さんをやっておられますが。その人から頼まれて、行って話をしたんです。その時色んな人から佐賀県の図書館行政に対して不満を聞かされましてね、多少アドバイスしたんです。こういうふうにしたら良いですよと、おそらくそんなのが伝わったんじゃないですか。というのは地元の新聞にかなり大きく出ましたから。良いことですね。また、三重県の野呂知事はもともと教育には非常に熱心なんです。知事会の中で教育のことを「語る」人は多いんです。そろそろ次の選挙……とか、自分のポジションを考えて。だけど本当に熱心な人って、そんなに多くないんですね。野呂さんはその中の数少ない一人です。それも良いことですね。

11　学校図書館は自立支援への端緒

糸賀　ぜひそういう輪を広げていただいて、各県でそれぞれ図書館の充実を図っていただければと思います。知事がおっしゃるように教育の中でも学校図書館の充実って、ものすごく重要だと思いますが……。

片山　私はさっき図書館というのは自立支援ということだと言いましたでしょう。自立支援というミッションから考えると、一番重要なのはやっぱり子どもだと思うんです。子どもはこれからの長い人生、情報取得・情報活用という面で、図書館をちゃんと利用できるかどうかが重要ですね。また、その子どもが成長した時に、図書館がそれに見合う機能を提供できるかどうかというのは、日本の将来に大きな影響を与えると思うんです。

糸賀　私もそう思います。

片山　今は、子どもたちが成長して、社会人になって生きていくうえで、図書館をあまり利用していないと思うんです。本当の意味では。

糸賀　他にいろいろなメディアが出てきましたし……。

片山　それもあるし、図書館を利用していても生涯学習的なことで、暇だったら行くとかね。というところにかなり偏ってるんです。忙しい人ほど本当は図書館に行かなくてはいけないんです。なぜならば、情報を収集するにはものすごく時間とお金がかかりますから。図書館がきちんと、スピーディーに、適確に、情報を整えてくれるとなると、忙しい人にとっては一番ありがたいサービスなんです。だから忙しい人ほど図書館に行かなきゃいけない。そのためには図書館の活用法、図書館の意義というものを子どもたちが小さい時から身に付けておかなければいけない。その実践の場が学校図書館なんですね。

学校図書館で図書館利用の端緒をつかんだ子どもたちが、地域図書館で多様な利用ができる、自分のいろんなニーズに応えてくれるということを体得したら良いなと思うんです。ところが子どもと図書館の係わりになった時に、何となく子どもを排除するような傾向があるじゃないですか。受験勉強はだめだとか。

糸賀　館内でもっぱら勉強するのはだめだとか。

片山　あれをどう考えるかなんです。微妙な問題だということはわかるんですが、図書館に関心を持った子どもたちを遠ざけてしまう可能性があるんじゃないかと思うんですね。図書館が自立支援だということであれば、受験勉強も自立支援なんです。これをどう考えるかというのが非常に難しい問題で……。

糸賀　どうしても、場所を塞がれてしまって、本来、図書館の資料を広げようとする人たちが使えなくなる、という意味もあってお断りというところは多いんですね。だから、スペースに余裕があれば、別におとなしく勉強してくれる限りにおいて構わないとは思うんですが。

片山　カール・マルクスはロンドン亡命中に大英博物館図書室で勉強したんですよね。その成果が『資本論』なんです。

糸賀　彼の使った席というのが今でもあるらしいですよ。決まっていたらしいですから。

片山　あと私は、それにかかわらず、子どもを図書館にひきつけるという試みというのをもっとやったら良いと思うんです。いろんなことで。例えばよく言うんですけれど、放課後児童クラブというのがあります。夫婦共稼ぎの場合子どもが学校から帰っても一人で、鍵っ子です。その時にどこか一ヵ所に集めて、放課後クラブを作る。これは市町村がやってますけどね。図書館が近くにあれば、図書館でやれば良いんです。図書館に集めてね、図書館のどこか別室でも良いですが。そこでケアをしなければいけない子はケアをしてあげる。本が好きな子は図書館に入れてあげたら良いと思うんですよ。自分で勝手に本を読んでくれれば手がかからないんですね。それが自立支援ですよね。

12　沖縄には図書館にランドセル置き場がある

糸賀　そういう点では、沖縄や南九州に行くと面白い光景を見かけます。沖縄では学校帰りにまず

忙しい人ほど図書館に行かなければいけない……

図書館に行って良いんだというんです。一旦家に帰ってから図書館に行くんじゃなくて、必ずみんな学校からそのまま図書館へ行っちゃうんです。だから沖縄に行くと、図書館の入り口の近くに大きな箱が置いてあって、何かと思ったら、ランドセル置き場だったんです。ランドセルをみんなそこへ置いて、館内で勉強するんですよ。おっしゃるように、学校の宿題をやる、場合によっては上級生が下級生に教える、そして中には図書館の小説を読んだり、学校の授業と関係ないものも読んだりする。そうやって子どもたちはいろんな知識、いろんな本、そして地域にいろんな人がいるということをそこで実感するわけですね。ある意味で教育的に面白い光景です。

都会ではやっぱり登下校の安全ということを考えなくちゃいけないこともあって、まずとにかく家に帰りなさい、ということが言われていますが、沖縄の場合はのどかなせいか、そういうランドセル置き場があるという、これは私全国でも珍しいことだと思いました。そういうやり方も図書館でできるということですよね。

片山　だから図書館というのはそういうサービスを提供するということに対して、今まで多分抵抗感と違和感があると思うんです。それは図書館のミッションをどう考えるかですよ。図書館のミッションを静かに図書館の蔵書を開いて読む、これをミッションだと思うと、やっぱり受験生は来てほしくない、放課後児童クラブなんてとんでもない、という話になるんです。起業支援も、なんかちょっとはみ出してるなと。

糸賀　教育委員会の仕事じゃないな……と。

片山　ところが図書館のミッションというものは自立支援だと思うんです。一人ひとりの住民・国民の。と捉えればすごく視野が開けてきます。だから子どもが放課後行くところがなければ、図書館に来て自分で好きな本を読むというのは、まさに自立支援なんです。アーティストが図書館にあるいろんな画集とか写真集とか資料集を見て、そこからヒントを得るというのも良いと思うんですね。発明家だってそうです。政治家だってそうなんです。もっと勉強しなくちゃいけないんです、本当は。

13　成果は短時間には出てこない

糸賀　図書館はそういう意味でいろんな分野のインキュベーター（incubator）といいますか、孵化器になれるんです。それが日本の図書館は文部科学省の社会教育法の中に、ギューッと自らを押し込めてしまったきらいがあるんですね。ですからもっと開放しなきゃいけない。それは今後の我々の責任というところもあって、私も考えなくちゃいけないんですが……。一方で今、子どもさんの図書館利用の重要性を言われましたね。それから議員さんの自立、地域の自立を言われましたね。こういうものの成果というのは、私、短時間では出てこないと思うんですが。

片山　出ません。これはね、何世代もかかります。

成果はあまり短期的に考えないほうが良いですね。今年書籍購入費に一億円投入したから、翌年何らかの成果があるということは、決してありませんからね。ですから、そうですね、五〇年、一〇〇年の単位でウォッチしなくてはいけないと思いますね。

糸賀　俗に言う一世代、三〇年くらいかかって、ようやくその成果が見えてくるんじゃないかというふうには思うんですよ。それだけに、図書館政策というのは知事さんのお仕事としては、やや地味というか目立たないんじゃないかと。いわゆるハコ物を次つぎに造ったり、道路が整備されたりとかに比べると、華やかさにやや欠けますよね。そこを見抜いた力というのは、個人的な資質もおありでしょうし、これまでの経験といいますか、中央でのご活躍、地方でいろいろと現場を見た経験……そういうものが活きて、鳥取県の図書館政策の充実という実を結んだのだろうと思います。

片山　それはね、さっき私が今の日本の地方自治には問題があると言いましたでしょう。要するに情報面で中央官庁に従属しているということなんです。情報面で従属すれば、判断力も従属しちゃうんです。そういう今の病理現象というものを治さないといけないというのが一つの問題意識なんです。この病理現象というのは、昨日や今日始まったことではないんです。長い間かかってこういう状態になっているんです。これを改善するのも、やはりかなり時間がかかる。一朝一夕にいきません。地方分権をやろうと思ったら、そういう視点も必要なんですね。はい今日で中央集権は終わり、明日から分権ですよというわけにはいかないです。社会改革です。

もう一つは、これはわかりやすいと思うんですが、長い一生、キューバのカストロのように首相や知事をやり続けるわけではありませんから、その権力の座から降りたら、市民としての長い生活が待ってるわけです。その時にどういう地域が良いですか？　図書館で好きな本が読める、そこで退屈をしないで充実した人生を送れるって良いですよね。だったらそういう地域づくりをしませんか、ということなんですよ。これは、良い意味で、政治家もわがままになりましょう、自分本位になりましょうということです。

14　指定管理者制度は図書館には馴染まない

糸賀　今、全国の図書館を見ますと、確かに元気が無いような図書館もあります。この一つの背景には、ご存知だと思いますが「指定管理者制度」というのがあって、鳥取県ではいち早く、図書館に関してこれはやらないんだということを知事は宣言されました。その辺の判断の根拠といいますか、どういうお考えで、指定管理者というのは図書館に馴染まないとご判断されたんでしょうか。

片山　これは図書館のミッションを考えたら、自ずからそういう結論になると思うんですね。一人ひとりの自立支援が大事ですよということになった時に、指定管理者制度とやっぱりそぐわない面が出てきます。指定管理者制度というのは、これもミッションがあるんですけど、いかに効率的に、いかに安上がりにサービスを提供するかということになってしまうんですね。そうすると、無駄なことは言わない、余計なことはやらないということになるんです。だからある種の施設ならそれは良いと思うんですが自立支援をミッションに置いた分野ではやはり馴染まないと思いますね。例えば小学校・中学校を指定管理にしようなんて人は誰もいないじゃないですか。

糸賀　そうですね。

片山　小学校のミッション、教育のミッションは何ですかというと、やっぱり自立支援なんです。だと思うんですよ。それと同じように、図書館も馴染まないなと私は思うんです。それから成果が長くかからないと出てこないんです。これは小学校と一緒なんです。小学校も、今良い教育をしたから、再来年から成果が出るってもんじゃないですね。そこで教育を受けた子どもたちが世の中に出て、最初はやっぱり役に立たないかもしれない、だけど何かの時に、国の危機とか自治体、地域の危機の時に、卓抜した能力を出すかもしれない。

そこで初めて出てくるんですよね。考える力があったから国の危機を救ったとか。そうするとその関連性というのはものすごく長く見ないとわからないし、ひょっとしたらわからないかもしれないです。関連性があるかどうかも。

私も今知事を八年間やって、まぁ自分で言うのもちょっと変なんですが、高い評価を受けたりすることもあるんですね。じゃあこれ、何のせいですかといったら、小学校の教育だったかもしれないんです。わからないですよね。それと同じように、成果が出るまで長い期間がかかるわけです。図書館もそうだと思うんです。ほんの三年とかせいぜい五年の成果を競い合う指定管理者制度や市場化テストは、馴染まないと思うんです。

糸賀　逆に言えば、そういうふうに民間に任せた時の弊害みたいなものも、結構時間がかかって現れてくるんじゃないかという気がしますね。

片山　それはそうです。それはボディ・ブローのように効いてきますね。民間がいけないと言っているつもりは無いですよ。民間で学校をやっているところもあるし、民間で図書館を経営しているところもあります。アメリカなんかはＮＰＯがやってますからね。だからそれでも良いんですけれど。でも日本の市場化テストとか指定管理とかはニューヨーク公共図書館の経営のあり方とは違うんですね。日本の場合は三年なら三年と期間を区切って、さあ成果を出しなさい、評価をします、という小刻み評価なんです。これはやっぱり馴染まないなという気がしますね。

糸賀　これから指定管理者制度導入を考えている自治体がいくつかありますが、ぜひ、そういうところの首長さん方に、今の知事のお話しをわかっていただきたいと思います。

片山　図書館をちょっとかじった人は、アメリカをごらんなさい、アメリカは別に官がやってないじゃないか、ニューヨークの公共図書館を見てみなさいと言いますよね。

糸賀　でもお金は官から実際出ています。

片山　実際出ていますね。民がやっても良いんじゃないかという業務はあるんです。だから指定管理とか市場化テストをやっても良いんじゃないかということになるんですけどね。アメリカで民間がやっているというのは、日本がやろうとしている指定管理者制度のように、三年とか五年の間を託して、はい、民間でやってくださいというのとは違うんです。元々の生い立ちが違う。民間から出てきたＮＰＯ・ＮＧＯの経営に対して、官がサポートしている。資金も社会からのドネーション（寄付金）があって、それを支えるだけの社会力があるんです。日本の場合はまだそういうのがないじゃないですか。

糸賀　ないですね、そういうのは。

片山　だから結局は民営化とか市場化テストといっても、官の出すものをいかに低く抑えて運営してくれますかということになってくる。そのためのツールなんですね。だからやっぱり馴染まないと思います。

糸賀　ありがとうございます。その辺全国の図書館関係者へメッセージとしてこれからも伝えていきたいと思います。

片山　ただし、それには一つ条件というか、一つポイントがあります。それは図書館の関係者が私の言うようなことに甘えちゃいけないということです。顧客満足度を高める……。ミッションに従って満足度を高める努力を最大限やってもらわなくてはいけない。これが両方相まって、私の理屈が成り立つのだろうと思いますね。現在の鳥取県立図書館については、私はその点全く心配していません。

15　国や官僚に望むこと

糸賀　最後に、今自治体の図書館関係者に心強いメッセージをいただいたわけなんですが、一方で国の役割、これは文部科学省ということになりますけれども、知事は例の義務教育国庫負担金についても、これはやっぱり国がちゃんと責任を持つべきだというふうなことを明言されていますよね。[5] 図書館に関して国の政策として期待すること、あんまり期待することはないかもしれませんが、どんなことを国の役割として期待していますか。

片山　私はこの分野ではあんまり国がしゃしゃり出ないほうが良いと実は思ってるんです。やっぱり地域図書館は地域で整える。学校図書館もそれぞれ地域で整えるということですからあんまり国が大号令をかけるのは良くないとは思うんです。ただし、自治体のほうで図書館行政を進めるだけの基盤が必要だと思うんですね。それが十分かどうか点検をしてみる必要はあると思います。決して十分じゃないです。

例えば学校の環境を考えた場合に、教員の給料は従来から義務教育国庫負担金で枠組みがち

ゃんと作ってありますね。それを二分の一から三分の一に削減することについて私は強く反対したんですよ。まがりなりにも一応負担金と地方交付税とで保障したことになってますけどね。その負担金と比べてみても図書館なんかはその保障のされ方、ケアのされ方が数段薄いと思います。

学校図書館なんかも、ちゃんと正規の司書を前提にしたコスト計算をして、それが交付税の積算根拠の中に折り込まれるということになっていかなければならないと思いますね。それから地域の図書館なんかも、今の交付税で算定している経費・財源があまりにもお粗末、薄いですね。

糸賀　その通りです。

片山　だから国のほうで、その辺はもっと気をつけてもらいたいですね。ただここが、文部科学省と総務省との縦割りになっていまして、今私が申し上げたような学校図書館の問題とか、地域図書館の問題というのはもっぱら総務省のほうで、交付税を計算する時に決まるんですね。さっき私が言ったようにあんまり勉強していない官僚たちがやりますから。図書館なんか一生に一回も行ったことのないような人が多分いると思うんです。そういう人がやってますから、理解力というか、この分野についての理解や意識がすごく低いですね。

その辺は文部科学省のほうも気にしてるんですけど、財政保障のツールが総務省のほうに属してるんですよね。ちょっと文部科学省のほうもやきもきしてるんでしょうね。あと私は中央官庁の皆さんは、自らもっと図書館を利用して、ユーザーになったら良いと思うんですよ。ユーザーになった時に初めて、わが国の図書館の貧困な環境に気が付きますから。そこから声が出てくると思います。

糸賀　的確な御指摘や御意見をたくさんお聞かせくださり、ありがとうございました。

注

(1) 草の根自治支援室
http://www.pref.tottori.lg.jp/dd.aspx?menuid=9349

(2) 鳥取県例規集　鳥取県情報公開条例第1章　総則　第2条-2
http://reiki.pref.tottori.jp/reiki/reiki.html
鳥取県情報公開条例には「公文書」から除かれる情報について以下の記述がある
(1) 県公報、新聞、雑誌、書籍その他不特定多数の者に販売することを目的として発行されるもの
(2) 県立の図書館、博物館、公文書館その他の施設において一般の利用に供することを目的として管理されているもの

(3) 平成一八年度第一回県・市町村行政懇談会議事録
日　時：平成一八年六月二日（金）15：00～18：00
場　所：県立図書館「大研修室」
《個別テーマ》１ハリケーン「カトリーナ」に学ぶ

http://www.pref.tottori.lg.jp/dd.aspx?menuid=27592

（4）ルキウス・アンナエウス・セネカ（Lucius Annaeus Seneca，紀元前四年？～紀元五年）は、古代ローマの哲学者であると同時に、政治家、詩人でもあった。皇帝ネロの幼少時代に家庭教師を務めたことでも知られる。紀元後五四年ごろから皇帝の執政官として宮廷と政界で権勢をふるったとされている。代表的な著作に「人生の短さについて」（岩波文庫）、「道徳論集」（東海大学出版会）などがあるが、「人生の短さについて」のなかでは、多忙な生活を送り、自分自身の時間を失うことの愚かさを戒めている。

（5）全国知事会議での発言

平成一六年八月一八日開催された全国知事会議の議題「平成一七年度・一八年度における国庫負担金の改革」において、一三人の知事が付記意見を述べている。片山善博知事の付記意見概略は以下のとおり。

・義務教育費国庫負担金の削減には反対。

・国庫補助負担金等に関する改革案を政府に提出することについては賛成であるが、税源移譲額が三兆円に達しないのであれば、義務教育費国庫負担金については補助金削減リストから外すべきである。

あとがき

本書は、もともと専門分野の異なる二人が、これまでに「地方自治と図書館」をめぐって書いたり話したりしてきた著作や講演、対談、フォーラムの記録などに新たに手を入れ、体系的に編集し直したものである。

地方自治論を専門とする片山と図書館政策論を専門とする糸賀の二人がどのようにして出会い、なぜこのような著作を世に送り出すことになったのかの経緯は、「地方自治」と「図書館」の結びつきの必然と偶然を物語ることにもなろう。

一九九九年四月から鳥取県知事を二期八年務めた片山は、旧自治省出身の官僚であり、地方自治の実務家であった。その片山が、図書館界にまさに〝鮮烈なデビュー〟を果たしたのは、二〇〇四年五月二九日に東京で開催された「ディスカバー図書館２００４」(*)というイベントである。

後日、ＮＨＫ教育テレビ（現在のＥテレ）で全国放映され、記録が公益社団法人日本図書館協会（以下、日図協）から出版されたこのイベントについては、すでに本書第八章でも簡単に触れているが、実はこのイベント開催に深く関わり、結果的に片山の〝図書館デビュー〟を仕掛けたことになるのが糸賀である。

そこで、他者では知り得ないその経緯を、あえて詳しく記すことであとがきに代えることとしたい。

＊「ディスカバー図書館２００４――図書館をもっと身近に暮らしの中に」日本図書館協会、一二八頁、二〇〇四年。

◇

ディスカバー図書館のイベントが開催される前年、すなわち二〇〇三年の七月一一日、独立行政法人経済産業研究所とビジネス支援図書館推進協議会共催の政策シンポジウムが開催された。会場となった東京・青山の国連大学でエスカレータに乗ろうとしたときに、私は前方に見覚えのある顔を見かけた。それは文部科学省（以下、文科省）生涯学習政策局の当時の図書館振興係長であった。彼に近づき声をかけたところ、彼はむしろ随行者であって、彼がシンポジウム会場に案内しようとしていた上司は省内の審議官（生涯学習政策局担当）であった。実はその直前に、私は中央教育審議会生涯学習分科会（以下、中教審分科会）の委員を拝命したこともあって、係長に紹介された審議官とは型通りに名刺交換して会場に入った。

このシンポジウムのわずか三日後に、中教審分科会の会合が霞ヶ関ビル三三階で開催され、私は初めて委員として出席した。ちょうど審議官も出席していたので席まで出向き、シンポジウム出席の御礼を述べた。すると、審議官は即座に「先生、あれは良かった。図書館は、ああいうイベントをもっとやったらいい」とおっしゃってくださった。その言葉は、その後しばらく私の耳から離れなかった。

◇

審議官の言葉をこれからの図書館振興にどう生かせば良いのか、手がかりを見出せないまま夏が過ぎた。ようやく秋の気配を漂わせる九月二六日、私は茨城県水戸市で開催された全国公共図書館研究集会（総合・経営部門）に講師として招かれた。この集会で講演直後に設けられた質疑の時間に、積極的に手を挙げて私に質問した県立図書館長がいた。図書館関係のこの種の研究集会で会場から質問が出てくることはあまりないだけに、その積極性に私は感心したし、何よりその質問が的を射ていたことがうれしかった。

講演後、懇親会まで時間があったので、会場となった茨城県立図書館を視察することにした。というのも、この図書館は、もともと県庁舎だったものを図書館に改修・転用しており、私が講演した会場も以前は県議会の議場であった。

この視察の間にちょうど行き逢ったのが、先ほど質問した県立図書館長である。そこで改めて自己紹介され、名刺交換して、彼が前年四月に着任した鳥取県立図書館長齋藤明彦氏であることを知った。

一般に県立図書館の館長というと、県教育長や県立高校長からの再任用や異動だったりして、もう少し年配のおっとりした方が多いものだが、彼はまだ四〇代のキビキビとした行政マンであった。しばらく立ち止まって言葉を交わしただけでも、図書館の仕事に意欲的であることがすぐにわかったが、とりわけその若さと積極さが私の記憶に刻み込まれた。

◇

この年の全国図書館大会は一一月二七日に静岡市で開幕した。初日の全体会では、当時次々とベストセラーを世に送り出していた地元出身の学者による記念講演が組まれていたこともあって、客席は大勢の聴衆で埋まっており、私は前方の関係者席の端にそっと身を沈めることになった。

全体会の前半、主催者挨拶や功労者表彰など一連のセレモニーが終わり、いよいよ記念講演に移るわずかの休憩時間に、すっくと席を立って会場を後にしようとしたのは、他ならぬあの審議官であった。彼は、開会式で大臣祝辞を代読するために静岡を訪れていたのである。彼は私を認めると、帰りしなに私の席に歩み寄り、たったひと言、耳元でこう囁いた。

「古い！」

そして、そのまま足早に会場を去っていったのである。随行者が懸命にその後を追っていくのが印象的であった。

◇

全国図書館大会の二日間の日程を終えた一一月二九日は雨の土曜であった。この年の大会には、会場が東京の自宅からそう遠くないことと、帰途に旧知の司書がいる図書館に立ち寄ろうとしたこともあって、自家用車で参加していた。その帰り道、目的の図書館をめざして、雨の降り続く国道に車を走らせていたところ、突然左手に別の町立図書館への案内標識が見えた。

雨が降っていただけに急ブレーキを控え、車はいったんその図書館の前を通り過ぎた。しかし、自身が町村図書館振興に関わってきた立場から、一つでも多くの図書館現場を視察することが何より重要と考えていたので、おもむろに車をUターンさせ、標識を見かけた町立図書館に立ち寄ることにした。

ひとわたり館内を見て回り、正面入り口から駐車場へと出ようとしたとき、脇に新聞の切り抜き帳が置かれていたのが目に入った。この規模の図書館であっても、新聞切り抜きを利用に供しているのは、司書がいるからこそだと思われ、しかもテーマ別に分かれたファイルの一冊に「図書館」とあるのが気になった。私はそのファイルを手に取り、開いたところ、一番上に綴じられていたのが、その年の九月九日の読売新聞朝刊の記事であった。

見出しは「知的立国、図書館から」とあり、そこに二人の政治家への取材記事が掲載されていた。その一人が、子ども読書推進に取り組む先進県として紹介された鳥取県知事であった。その記事のなかで、とりわけ私の興味をひいたのは、中央の写真で笑顔の知事が手にした一冊の本であり、それは愛読書とされる古代ローマの哲学者セネカの『人生の短さについて』（岩波文庫）であった。

同じ紙面のもう一人の政治家が挙げていた『安寿と厨子王』『一寸法師』の昔ばなしとは対照的で、政治家というよりも知識人であることを十分にうかがわせた。

私は、図書館のカウンターに戻り、その切り抜きのコピーを依頼した。カウンターの職員が律儀に、たった一枚のコピー代二〇円のために手書きした領収書とコピーを受け取り、その町立図書館を後にした。そのときの領収書は、いまも私の手元に残されている。私は再び車を走らせながら、徐々に頭の中で審議官の言葉を実現させるための構想を描き始めた。

◇

静岡での全国図書館大会のあとに開催された中教審分科会は、一二月一日とその一週間後の一二月八日であった。まさに図書館をはじめとする社会教育施設への指定管理者制度の導入を文科省が容認した時期であって、立て続けに会議が開催されたのである。その議事録を確認すればわかるように、委員としての私は、当時仙台市教育次長であった奥山美恵子委員（現在、仙台市長）とともに、図書館への指定管理者制度導入の問題点を分科会の席で発言していた。

八日の分科会会議終了後、いよいよ私は指定管理者制度導入への対抗措置として、図書館振興に向けたイベント開催の相談を審議官にもちかけた。すると審議官は自室に行こうと私を招き入れ、こともなげにこう言った。

「金はなんとかなるから、先生、何か具体的に企画したらいいですよ」

それでも私は、まだ半信半疑だった。

◇

ところが、年が明けた一月早々に事態は急展開する。たまたま見かけた夕刊に、件《くだん》の審議官が一月六日付で別の局の局長に異動する文科省人事が載っていたのである。これを知った私は、役所の掟を破ることを承知で、異動直前の審議官と、すでに面識のあった総括官とに、イベント開催への支援をいきなりお願いするメールを出すより他なかった。

やはり、このメールへの応答はすんなりとは返ってこなかった。私のメールが社会教育課長に転送されたようで、まずは課内で調整するよう指示されたとかで、あわてて図書館振興係の若いT事務官が私に連絡してきた。つまり、図書館界を代表する団体が、生涯学習政策局長に会って、イベント開催を正式に要請するのが筋道だと言うのである。それももっともで、私個人の要請で動くような組織でないのは当然である。

そこで、急遽一月二三日午前に、日図協から会長、理事長、事務局長と常務理事であった私の四人がそろって文科省に出向き、局長にイベント開催を正式にお願いした。他に、社会教育課長、学習情報政策課長らも同席し、双方が挨拶を交わしたのち、私が図書館振興についてのイベント企画案を局長らに説明している。ただし、この面談は、歴代の文科省図書館振興係のなかでも、とりわけ熱心に図書館関係の会合に顔を出し、私とも頻繁に連絡をとりあっていたT事務官による調整作業の賜物であったことは、付け加えておかなければならない。

とは言うものの、この時点で直ちに文科省側がイベント開催を承諾したわけではなく、イベントの細部もまったく決まっていなかった。そのうえ、懇談の最後に局長から、この機会に言っておきたいと前置きしたうえで、「日本図書館協会はどちらかと言えば、これまで内向きの活動が多く、国民の方を向いてこなかっただけに、こうしたイベント開催は良いとは思うが……」といった発言があり、日図協の四人は緊張した面持ちで応接室を後にした。当時庁舎の建て替えで東京駅近くのビルに仮住まいしていた文科省を出て、駅構内のステーションホテルのレストランで四人で昼食をとったのだが、必ずしも会話が弾んだわけではなかった。

◇

局長への正式要請を受けて、文科省はイベント開催に向けてようやく動き始めた。そこで、私は前年の全国図書館大会以後暖めてきた構想を、社会教育課長補佐とT事務官には伝えておいた。二週間おきぐらいのペースで開催されていた中教審分科会の会合が半蔵門のグランドアーク三階で開かれた後、彼ら二人と私の三人で同じフロアの談話コーナーに陣取り、いわば作戦会議のようなものをたびたび開いた。その席で二人から、私の構想で中心に描かれた人物が基調講演を引き受けるならば、文科省として支援できそうだということを聞かされた。

当時、まだ携帯電話というものを持っていなかった私は、すぐに一階に置かれた公衆電話に駆け込み、唯一の伝手とも言える鳥取県立図書館長に電話したのである。それは彼と前年に水戸で出会ってから四ヵ月が経った二月初旬のことであった。

ところが、館長は県立図書館を留守にしていた。聞けば東京方面に出張中とのことで、私のことをよく知っていた電話口の職員は館長の携帯電話番号を教えてくれた。その番号にかけ直すと、彼はちょうど羽田空港で搭乗便の出発待ちをしていたところであった。携帯に突然電話する無礼を詫びるのもそこそこに、さっそく事情を伝えると、彼は私の構想が実現するよう最大限の努力を払うことを約束してくれた。

実際、その後の数日間は、館長と頻繁に電話のやり取りをすることになった。休日に彼の自宅まで電話し、その後の進捗状況を互いに報告し合った記憶もある。そして、とうとう当時改革派知事の代表格に挙げられていた鳥取県知事が、文科省主催の図書館イベントの基調講演を受諾した旨の電話連絡を彼から受けることになる。

そのイベントは私の提案で「ディスカバー図書館２００４」と呼ぶことも決まり、三月二六日にはその開催要綱が局長決定された。さらに文科省の肝いりで、後日ＮＨＫテレビ放映されることにもなり、ＮＨＫ、ＮＨＫサービスセンターが全体をプロデュースすることになった。早くも四月九日には、ＮＨＫと文科省、そして私が加わって、細部の打ち合わせ会議がもたれている。千人収容できる会場がいくつか当たられ、パネリストに女優（本上まなみ氏）や俳優（故児玉清氏）が選ばれていったのも、その頃である。

あの審議官の最初の助言から、わずか八ヵ月余りの展開であり、これほど大掛かりな図書館イベントとしては異例のスピードと言ってよいだろう。

◇

二〇〇四年五月二九日の「ディスカバー図書館２００４」当日、東京・御茶ノ水の明治大学アカデミーコモンの控え室で、随行の鳥取県立図書館長齋藤氏を伴った片山と私は初めて会った。これが縁でその三年後の二〇〇七年二月一三日、本書第Ⅳ部に収録された対談を行うため、今度は鳥取県庁内の知事室で再会する。実は、そのひと月あまりのちに、片山が自分と同じ大学の法学部教授に迎えられることを、文学部の私はまったく知らされていなかった。むしろ、学部が異なれば大学の人事とはそういうものである、ということを思い知らされたほどである。

◇

本書第五章に収録した第一四回図書館総合展におけるフォーラムでのパネル討論の記録は、上月正博氏（現在、独立行政法人国立高等専門学校機構理事）、武居丈二氏（現在、自治大学校客員教授）、永利和則氏（元小郡市立図書館長）の三氏のご厚意により、本書に転載することができましたし、このフォーラムを主催し、その討論記録データを快く提供してくださったのは、キハラ株式会社の木原一雄社長であります。

また、第六章の光交付金による事業の実施計画書の縦覧にあたっては、内閣府地域活性化推進室に便宜を図っていただきました。また、その分析については、二〇一二年度に私のゼミの学生だった長谷部怜那氏（現在、株式会社日本総合研究所）の卒業研究に大きく依存しております。

さらに、第Ⅳ部に収録した対談は、もともと財団法人高度映像情報センター（当時）が企画したものであり、同センターの丸山修氏は、その対談記録の写真を提供してくださいました。

これらの皆さまに、この場を借りて御礼申し上げます。

そして、何よりも、われわれ二人の慶應義塾退職に合わせて刊行できるよう、原稿を取りまとめ、編集の進行管理をしてくださった勁草書房の藤尾やしお氏のお名前を記し、ここに深甚の謝意を表します。

二〇一六年一一月二二日

共著者の一人として　糸賀　雅児

執筆者略歴

片山 善博（かたやま よしひろ）

早稲田大学公共経営大学院教授　1951 年生まれ

東京大学法学部卒業

自治省入省後、能代税務署長、鳥取県総務部長、自治省府県税課長、鳥取県知事などを経て、2008 年 4 月より 2017 年 3 月まで慶應義塾大学法学部教授。併せて鳥取大学客員教授。2010 年 9 月より 2011 年 9 月まで総務大臣。

この間、地方制度調査会副会長、中央教育審議会臨時委員、財政制度等審議会臨時委員、日本弁護士連合会市民会議議長、日本司法支援センター（法テラス）顧問、角川文化振興財団城山三郎賞選考委員、文部科学省子どもの読書サポーターズ会議座長、日本図書館協会認定司書審査会審査委員などを務める。

糸賀 雅児（いとが まさる）

慶應義塾大学名誉教授　1954 年生まれ

東京大学大学院教育学研究科博士課程単位取得退学

慶應義塾大学文学部助手、助教授を経て、1997 年 4 月より 2017 年 3 月まで同学部教授。

この間、中央教育審議会生涯学習分科会臨時委員、文部省大学設置・学校法人審議会専門委員、文部科学省これからの図書館の在り方検討協力者会議副主査、文化庁文化審議会著作権分科会専門委員、国立国会図書館活動実績評価に関する有識者会議座長、東京都立図書館協議会副議長、鳥取県政アドバイザリースタッフ、日本図書館協会認定司書事業委員会委員長、同認定司書審査会審査委員などを務める。

初出一覧

本書の内容は以下の諸論文をもとにしているが，今回一冊の本としてまとめるにあたって大幅に改稿したものもある．

第一章　片山善博「知的立国の基盤としての図書館とその可能性」『月刊言語』2008年9月号，pp.28-33，大修館書店．

第二章　片山善博「図書館のミッションを考える」『情報の科学と技術』57(4)，pp.168-173，2007.4，社団法人情報科学技術協会．

第三章　書き下ろし

第四章　片山善博「図書館と地方自治」『LISN』No.156，pp.9-17，2013.6，キハラ株式会社マーケティング部．

第五章　パネル討論「地方財政と図書館 ―― 交付税の活用で図書館整備を」『LISN』No.156，pp.18-31，2013.6，キハラ株式会社マーケティング部．

第六章　書き下ろし

第七章　糸賀雅児「まちづくりを支える図書館」『月刊ガバナンス』2016年8月号，pp.17-19，ぎょうせい．

第八章　糸賀雅児「『地域の情報拠点』への脱却が意味するもの」『図書館界』56(3)，pp.188-193，2004.9，日本図書館研究会．
糸賀雅児「『市民の図書館』からの脱却に向けて正確な理解を」『図書館界』57(4)，pp.263-269，2005.11，日本図書館研究会．

第九章　糸賀雅児「雇用多様化の時代における図書館専門職の養成」『図書館雑誌』101(11)，pp.737-740，2007.11，日本図書館協会．
糸賀雅児「キャリアデザインから考える図書館情報学教育」『図書館雑誌』103(4)，pp.226-228，2009.4，日本図書館協会．
糸賀雅児「司書のキャリアデザインと認定司書制度」『図書館雑誌』105(5)，pp.269-271，2011.5，日本図書館協会．
糸賀雅児「認定司書制度と司書の社会的責任」『図書館雑誌』106(10)，pp.696-699，2012.10，日本図書館協会．
糸賀雅児「認定司書制度のこれまでとこれから」『図書館雑誌』109(6)，pp.361-363，2015.6，日本図書館協会．

第一〇章　片山善博「認定司書の活躍に期待する」『図書館雑誌』106(8)，p.542，2012.8，日本図書館協会．
片山善博「人口減少社会における地方自治を点検する」『RESEARCH BUREAU 論究』第12号，pp.1-9，2015.12，衆議院調査局．

終　章「特別企画　地域社会の経営と図書館政策　地方分権・民主主義社会を支える自立支援こそ図書館のミッション　片山善博 vs. 糸賀雅児」『AVCCライブラリーレポート2007　地域を支える公共図書館』pp.4-15，2007.3，財団法人高度映像情報センター．

索　引

ア行

カ行

サ行

タ行

地方自治と図書館
「知の地域づくり」を地域再生の切り札に

2016年12月25日　第1版第1刷発行
2017年9月25日　第1版第3刷発行

著　者　片《かた》　山《やま》　善《よし》　博《ひろ》
　　　　糸《いと》　賀《が》　雅《まさ》　児《る》

発行者　井　村　寿　人

発行所　株式会社　勁《けい》　草《そう》　書　房

112-0005　東京都文京区水道2-1-1　振替　00150-2-175253
（編集）電話　03-3815-5277／FAX　03-3814-6968
（営業）電話　03-3814-6861／FAX　03-3814-6854
堀内印刷所・松岳社

ISBN978-4-326-05017-8　Printed in Japan

http://www.keisoshobo.co.jp

常世田　良	浦安図書館にできること　図書館アイデンティティ	〔図書館の現場①〕四六判	二六〇〇円
三田誠広	図書館への私の提言	〔図書館の現場②〕四六判	二五〇〇円
根本　彰	続・情報基盤としての図書館	〔図書館の現場③〕四六判	二四〇〇円
杉岡和弘	子ども図書館をつくる	〔図書館の現場④〕四六判	二四〇〇円
安井一徳	図書館は本をどう選ぶか	〔図書館の現場⑤〕四六判	二一〇〇円
竹内比呂也・豊田高広・平野雅彦	図書館はまちの真ん中　静岡市立御幸町図書館の挑戦	〔図書館の現場⑥〕四六判	二一〇〇円
田村俊作・小川俊彦 編	公共図書館の論点整理	〔図書館の現場⑦〕四六判	二四〇〇円
柳　与志夫	知識の経営と図書館	〔図書館の現場⑧〕四六判	二四〇〇円
小川俊彦	図書館を計画する	〔図書館の現場⑨〕四六判	二三〇〇円
高山正也	歴史に見る日本の図書館　知的精華の受容と伝承	四六判	二八〇〇円

＊表示価格は二〇一七年九月現在。消費税は含まれておりません。